MeinNietzsche -

Hans-Joachim Becker; Miriam Ommeln;
Hans Otto Seitschek; Elke Wachendorff (Hg.)

*Mein*Nietzsche –

Ein Projekt des Nietzsche–Forums München

Verlag Traugott Bautz

Bibliografische Information Der Deutschen Nationalbibliothek
Die Deutsche Nationalbibliothek verzeichnet diese Publikation in der Deutschen Nationalbibliografie; detaillierte bibliografische Daten sind im Internet über http://dnb.d-nb.de abrufbar.

Verlag Traugott Bautz GmbH 99734 Nordhausen 2009
ISBN 978-3-88309-543-1

Inhaltsverzeichnis

Einleitung

*Mein*Nietzsche war das Losungswort für die Darstellung einer ganz persönlichen Begegnung mit dem Philosophen. Adressaten des Projekts sollten junge Menschen auf den Oberstufen der Gymnasien sein, Studenten und Studentinnen an den Universitäten, aber auch ganz allgemein jeder, der sich der geistigen Auseinandersetzung mit Nietzsche stellen wollte. So finden sich hier versammelt Beiträge vom Gymnasiasten bis zum Hochschullehrer. Das *Nietzsche-Forum München* als ausschreibende Institution dachte im Wesentlichen an fünf verschiedene Formen dieser Auseinandersetzung: philosophisch-naturwissenschaftliche Essays, Erzählungen, Lyrik, Malerei und Musik. Es kam aber überraschenderweise noch eine sechste Form hinzu, die das Redaktionsteam dermaßen überzeugte, dass es sich gezwungen sah, neben den drei vorgesehenen Preisen noch einen Sonderpreis zu stiften: es handelt sich dabei um eine 5-minütige Probe und ersten Entwurf zum Projekt eines dokumentarischen Spielfilms über das Leben des Philosophen aus der damaligen preußischen Provinz Sachsen, dem heutigen Sachsen-Anhalt. Was die Jury an diesem Film besonders beeindruckt hat, findet sich in der Laudatio von Elke Wachendorff detailliert dargelegt. Diese Spannweite der Einsendungen macht eine Präsentation in Buchform nicht ganz einfach. Ton- und Bildträger etwa lassen sich hier nicht so ohne Weiteres unterbringen. Wir verweisen deshalb auf die Möglichkeit, die entsprechenden Beiträge über das Nietzsche-Forum München (www.nietzsche-forum-muenchen.de) extra zu beziehen. Besonders hingewiesen sei an dieser Stelle auf den Ton-Film (mit Betonung auf den ersten Teil des Wortes) auf DVD von Andreas Mascha betitelt „Tanzlied an den Mistral", der den feierlichen Abschlussabend des Projekts am 8. November 2008 eingeleitet hat. Auch dieser ist über das Nietzsche-Forum München erhältlich. Eine Erläuterung dieses bemerkenswerten Beitrags findet sich im Internet unter http://www.enlightainment.de/Tanzlied-Booklet.pdf .

*

Lange Zeit war die Auseinandersetzung mit Nietzsche überschattet von dessen späterer „Karriere" im Dritten Reich. Das Foto von Hitlers Besuch im Nietzsche-Archiv zu Weimar und seinen Empfang durch die Schwester Elisabeth schien die Frage der Vorläuferschaft für sehr viele eindeutig beantwortet zu haben. Erst als die beiden italienischen Gelehrten Giorgio Colli und Mazzino Montinari (letzterer war Schüler und Freund des vorigen) aufgrund der damals völlig unbefriedigenden Quellenlage in Weimar in jahrzehntelanger Arbeit eine neue italienische Nietzsche-Ausgabe vorbereiteten, gaben sie den Anstoß zu einer neuen, mittlerweile weltweiten Nietzsche-Renaissance. Es war paradoxerweise dem Umstand zu danken, dass Mazzino Montinari Mitglied der italienischen Kommunistischen Partei war – er war zeitweise Redakteur des KPI-Zentralorgans *Rinascita* –, dass er in den sechziger Jahren ein Einreisevisum in die damalige DDR erhielt, um wichtige Teile von Nietzsches seinerzeit noch immer nicht vollständig edierten Nachlass zu entziffern. Nach 1945 war die kommunistische Verdammung Nietzsches im Nachkriegseuropa autoritativ vor allem in Georg Lukács' Buch *Die Zerstörung der Vernunft* formuliert worden. (Allerdings hatte es auch dagegen bereits Widerstand von linksintellektueller Seite gegeben. Er kommt gut in Theodor W. Adornos bekanntem Diktum zum Ausdruck, dass *Die Zerstörung der Vernunft* wohl eher die von Lukács eigener gewesen sei.) Die DDR-Behörden wähnten sich jedenfalls mit Erteilung eines Nietzsche-Forschungsvisums an einen italienischen Kommunisten, der bereits in den 50-er Jahren für die KPI Franz Mehring übersetzt hatte, gegen unliebsame interpretative Überraschungen ausreichend gefeit. Darin sollten sie sich allerdings gründlich getäuscht haben, denn die ursprünglichen philosophisch-politischen Überzeugungen Collis hatten sich gerade in und durch die Beschäftigung mit Nietzsches Werken allmählich gewandelt. Dem durch die Arbeit von Colli/Montinari inaugurierten neuen Interesse an dem deutschen Philosophen, stand nun endlich eine philologisch gesicherte Grundlage zur Verfügung. Wie sich die philologischen Erkenntnisse auch auf die philosophische Interpretation auswirken, kann man gut der Montinari-Schrift *Nietzsche lesen* entnehmen. Der italienischen Edition sollten alsbald eine französische, japanische und, angestoßen durch den Gründer des *Deutschen Taschenbuch-Verlages (dtv)*, Heinz Friedrich, schließlich auch eine deutsche folgen. H. Friedrich wurde später einer der Gründungsmitglieder des Nietzsche-Forums München und war bis zu seinem Tode im Jahre 2004 dessen Ehrenvorsitzender. Nun erst begann Nietzsches internationale Wirkungsgeschichte im großen Maßstab mit weiteren Ausgaben in spanischer und englischer Sprache, sodass er mittlerweile - nach einer bereits etwas älteren dpa-Meldung (*Süddeutsche Zeitung* v. 3.3.1987), die jedoch treffend die Situation nach den o. g. Neueditionen beschreibt - der international meist übersetzte deutsche Autor überhaupt ist. Inzwischen gilt er auch, wie Miriam Ommeln, die sich vor allem den technikphilosophischen Aspekten im Werk Nietzsche widmet, herausfand, als *der* Cyberphilosoph im weltweiten Netz.

*

Wie ein Kritiker der Massengesellschaft, der organisierten Staatlichkeit, des Nationalismus, des Antisemitismus, ein Denker, der dem Individualismus und dem „guten Europäertum“ das Wort redete, der stolz auf seine (vermeintlich) polnische Abkunft war, in eine Ideologie geraten konnte, die in praktisch all diesen Bereichen das genaue Gegenteil vertrat und praktizierte, bedurfte noch der speziellen Aufklärung. Allerdings haben das, was heute wenig bekannt ist, schon während des Dritten Reiches einige der Protagonisten der damals herrschenden Ideologie, wie etwa Curt v. Westernhagen und Christoph Steding gesehen, welche Nietzsche nicht nur auf einige Schlagworte reduzierten, sondern die ihn in der Tat genauer gelesen hatten. Nachdem letzterer Nietzsches Polenbegeisterung", seine „besondere Vorliebe für den Erbfeind" Frankreich, seine individualistische Gegnerschaft gegen den durchorganisierten Staat dargelegt und ersterer vor allem Nietzsches Anti-Antisemitismus aufgewiesen hatte, wurde er von Steding direkt zum „Staats- und Reichsfeind" erklärt.* Es sollte einige Jahrzehnte dauern, bis es gelingen konnte, Friedrich Nietzsche schrittweise wieder aus dieser geistigen (bzw. eher geistlosen) Gesellschaft wieder herauszulösen. Wichtige Schritte in diese Richtung unternahm bereits Karl Schlechta, dem es erstmals gelang, während seiner Arbeit im Weimarer Nietzsche-Archiv die Fälschungen der Schwester des Philosophen, die versucht hatte, ihn dem NS-Regime anzudienen, nachzuweisen. Auch die Tatsache, dass es europaweit vornehmlich Juden waren (u. a. Henri Lichtenberger, Charles Andler, Oscar Levy, Ernest Thiel), die bereits vor dem Ersten Weltkrieg seine ersten Anhänger, Übersetzer und Interpreten waren, spielte eine nicht zu unterschätzende Rolle bei der Etablierung dieser neuen Sicht.

Unser heutiger offenerer und freierer Zugang zu Nietzsche ist damit zu einem guten Teil jenen beiden bedeutenden italienischen Forschern zu danken. Nietzsches lange unterstellte Vorläuferschaft des Faschismus ist heute mittlerweile nur mehr zu einem ideologiehistorischen Marginal- und Spezialthema geworden, das längst aufgehellt worden ist. Die heutige Diversität der Nietzsche-Interpretation kann man nicht zuletzt auch den äußerst heterogenen Beiträgen zu unserem *mein*Nietzsche-Projekt entnehmen. Nietzsche fasziniert – wieder und immer noch, aber er verstört auch immer wieder und immer noch – mitunter in derselben Person. (Vgl. etwa die Beiträge von Grbavic und Streichardt) Da sind Studenten, die ein Seminarthema suchen, und sich zu Nietzsche verirren. Und plötzlich finden sie sich von ihm innerlich stark berührt, so stark, dass sie sich gedrängt fühlen, an unserem Wettbewerb teilzunehmen, um in der Auseinandersetzung mit seiner Philosophie schließlich zu neuen Fragestellungen und vielleicht auch zu sich selbst zu finden. So manch einer sieht sich gezwungen, überkommene Überzeugungen zu revidieren. (Verena Wieland) Unsere erste Preisträgerin, Eliane Dominok, Studentin aus Karlsruhe, hat Nietzsches Philosophie an Hand *eines kosmischen Schachspiels* dargestellt. Der dritte Preisträger, Maximilian Breu, hat Spiel und Ernst der Sprache bei Nietzsche in den Mittelpunkt seiner Betrachtungen gestellt und erinnert zurecht in diesem Zusammenhang an die frühe Schrift *Über Wahrheit und Lüge im außermoralischen Sinn.* Werner Faßrainer („Nietzsches Versäumnis") geht das

Wagnis ein, in der hier vorgegebenen Kürze von knapp einer Seite das Wahrheitsproblem bei Nietzsche zu thematisieren ohne die zuvor genannte Schrift mit einzubeziehen. Bei der Besprechung Heraklits kommt er jenem Problem nahe, aber trifft es doch nicht. Das Spezifische bei Nietzsche: dass es keine *adaequatio* geben kann, wenn die Welt nichts als ein beständiges Werden und eben kein Sein ist - welche Voraussetzung für Identifizierungen, die wiederum Voraussetzung von „Wahrheit" wären – kommt nicht in den Blick. „Nietzsches Versäumnis" oder vielmehr Faßrainers Versäumnis? Stellen wir es dem Leser anheim.

Aber es ist nicht nur Nietzsches Philosophie, sondern es ist auch die Kraft seiner Sprache, die Form seiner Darstellung, welche unmittelbar anspricht, ja elektrisiert. Und deshalb ist es auch immer wieder seine Poesie, die geradezu mitzureißen vermag: So das Tanzlied *An den Mistral* von Andreas Mascha (Musik von Biljana Pais und Guido Hieronymus). Oder das *Ecce homo*-Gedicht „Ja, ich weiß woher ich stamme ..." (Otto Reigl). Der zweite Preisträger Udo Strauß nimmt diese erste *Ecce*-Zeile auf, um sie dann in einem langen Gedicht - unter Aufnahme weiterer Elemente aus dem *Ecce homo* - eigenständig fortzuspinnen. Nietzsches Kolumbus-Gedicht *Nach neuen Meeren* hat Manfred Dörr zu einem eigenen inspiriert, überschrieben *Wagnis Nietzsche.* Wir begegnen in den Einsendungen auch Gottfried Benns kongenialem, bewegenden *Turin*-Gedicht („Ich laufe auf zerrissenen Sohlen..."), mit dem Sandra Mack die berühmte Geschichte vom geschundenen Pferd abschließt, dem Nietzsche um den Hals fiel - und in den Wahnsinn hinüberglitt. Eine Überraschung ganz eigener Art bietet Manfred Freude, der von der Entdeckung einer *Bisher Unbekannten „letzten" Nietzsche-Handschrift* berichtet.

Nietzsches Einfluss auf die moderne Malerei, insbesondere bei Edvard Munch und Giorgio de Chirico, hat Anneliese Plaga in einem *starken* Buch (in beiderlei Sinn des Wortes) untersucht. Sie muss hier mit ihrer Einführung allerdings außer Konkurrenz erscheinen (s. Anmerkung zu ihrem Text). Sich selbst von Nietzsche malerisch inspirieren lassen haben sich Julie Merten („Zufall des Lebendigen") und Jürgen Balitzki („Brückebild"). In Peter Kalabs Bild *Frühling 1889* findet der Kenner von Nietzsches Leben und Werk eine Reihe von Versatzstücken, die eindringlich die Gleichzeitigkeit des Ungleichzeitigen beschwören, wie es nur die Malerei vermag. Ein Teilnehmer aus dem Lande Zarathustras, Friedrich Ahmad Mirshamshiri, heute in Wien lebend, beteiligte sich mit einem aus dem Persischen übersetzten Gedicht, dem ein Bild beigegeben ist, das sehr eindrücklich das Gefühl von Einsamkeit und Verlassenheit in einer zeitlos schönen Winterlandschaft zeigt.

Einen ganz anderen Aspekt des Philosophen aus dem ehemaligen preußischen Sachsen finden wir bei Dieter Eberwein. Er erinnert daran, dass Nietzsche wohl der erste bedeutende Autor war, der eine Schreibmaschine – wegen ihrer Form damals „Schreibkugel“ genannt – benutzte. Für Wolfgang Welsch ist Nietzsche ein ganzer Kontinent, der alles enthält: Eis und Hochgebirge, umgrenzt von offenen Meeren bei gleichzeitiger „Unbegrenztheit der Horizont-Linien“, ebenso Manie und Terror, Verrücktheit und Normalität, Lachen wie Lächerlichkeit: Nietzsche, so Welsch, „versammelt den Kontinent des Abendlands.“ Aber er sei letztendlich noch im anthropozentrischen Kokon eingesponnen, den, so der Autor, ein künftiges Denken sprengen werde. - Wir müssen hier nun innehalten, denn es ist nicht möglich und wohl auch nicht sinnvoll, angesichts von insgesamt 68 Einsendungen aus allen drei deutschsprachigen Ländern (von denen aus weiter unten genannten Gründen allerdings nur 62 aufgenommen werden konnten), jeden einzelnen Teilnehmer auch nur zu erwähnen. Wer alles in unsere Anthologie aufgenommen wurde, vermag rasch ein Blick auf das Inhaltsverzeichnis zu zeigen. Wichtig ist es uns an dieser Stelle vor allem auf die frappierende Vielfalt der Sicht *auf* wie der inspirativen Wirkung *von* Friedrich Nietzsche und seinem Denken zu verweisen, einer Vielfalt, mit der wir in diesem Umfang nicht gerechnet hatten, und an der wir den Leser nunmehr hier teilhaben lassen möchten.

*

Für die Aufnahme in unsere Sammlung mussten einige Grundregeln beachtet werden. Ursprünglich sollte die Länge der jeweiligen Beiträge 1000 Wörter nicht überschreiten. Wir haben dies später auf 2000 Wörter erweitert und sind in ganz wenigen Fällen noch darüber hinausgegangen, wenn wir zu dem Schluss kamen, dass die Qualität des Beitrags dies rechtfertigte. Es wurden zum Teil jedoch ganze Seminararbeiten, ja selbst ganze Bücher eingereicht, die gerade abgeschlossen waren. Diese konnten aus verständlichen Gründen hier leider keine Berücksichtigung erfahren. Die aufgenommenen Teilnehmer am *mein*Nietzsche-Projekt finden sich nach den ersten vier Preisträgern, die eine Gruppe für sich bilden, in alphabetischer Reihenfolge im Inhaltsverzeichnis.

Wir danken den Sponsoren dieses Projekts, insbesondere der *Bayerischen Sparkassenstiftung* und ihrem Geschäftsführer Herrn Dr. Ingo Krüger, der uns mit einer großzügigen Spende die Finanzierung des Projekts ermöglicht hat. Wir danken ferner dem *Deutschen Taschenbuch-Verlag (dtv)* München, einer Gründung unseres verstorbenen Ehrenvorsitzenden Heinz Friedrich, dem Hörbuchverlag *auditorium maximum* in Darmstadt und dem *Dietrich Reimer Verlag*, Berlin, die sich durch ihre Stiftung von Buchpreisen an unserem Projekt großzügig beteiligt haben. Danken möchten wir schließlich all jenen, die - innerhalb und außerhalb des Nietzsche-Forums – dazu beigetragen haben, dass das Projekt zu einem Erfolg wurde. Darin einschließen möchten wir besonders Katharina Kniess (T!PP - Büro für Pressearbeit, München), die sich so erfolgreich für die Bekanntmachung und Verbreitung des *mein*Nietzsche Projekts eingesetzt hat.

München, im November 2009

Nietzsche–Forum München

Die Herausgeber:

Dr. Hans-Joachim Becker

Dr. Miriam Ommeln

Dr. Hans Otto Seitschek

Dr. Elke Wachendorff

*Alle Nachweise bei Hans-Joachim Becker, Das Judentum in der philosophischen Politik Nietzsches, in: Beatrix Vogel (Hg.), Der Mensch – sein eigenes Experiment? Kolloquium und Vorträge aus den Jahren 2003-2005, Publikation des Nietzsche-Forums München e. V., München 2008, 415-444.

Eliane Dominok, Remchingen

Ein kosmisches Schachspiel

Ein kosmisches Schachspiel. Weißer Eröffnungszug e2-e4. **„Im Anfang schuf Gott Himmel und Erde; die Erde aber war wüst und wirr, Finsternis lag über der Urflut, und Gottes Geist schwebte über dem Wasser“**[1]. Wenn der Kosmos unendlich ist, wohin dehnt er sich dann stetig aus? Ins Nichts. Wenn zuvor Nichts war, aus was ist das Universum entstanden? Aus einer komprimierten Zusammenballung von Materie, die plötzlich auseinander barst? Doch wo kam sie her, was existierte vor ihr? Nichts. Doch wenn der Kosmos aus Nichts entstand, was umgab dieses Nichts als Kontrast, so dass man es als Nichts überhaupt zu definieren vermag? Nichts – denn es gibt diesen Gegensatz nicht, so wie auch sonst der Gedanke gegensätzlicher Pole nur in unserem Denken verhaftet ist, pure Illusion, nicht mehr als eine Stütze, um Undenkbares unserer Vorstellungswelt greifbar zu machen, denn alles, was unfassbar scheint, ist stets Bedrohung. *Schwarzer Antwortzug e7-e5.*

Also gebar der Mensch aus dem Nichts einen Gott, **„in Gott das Nichts vergöttlicht, der Wille zum Nichts heilig gesprochen!...“**[2]. Die Gefahr, einer physikalischen Unendlichkeit hilflos ausgeliefert zu sein, ist somit gebannt, doch gleichermaßen empfindet der Mensch auch in seinem Innern die Ahnung einer unfassbaren Weite des Geistes, ein Nichts und ein Alles, ein Äquivalent, nicht minder beängstigend. Folglich unternimmt er alles, um auch hier die Wirklichkeit seiner Sprache, seinem Denken unterzuordnen und dem einfachen Prinzip von Ursache und Wirkung anzupassen. *Weiß reagiert mit Springer g1-f3.*

„Mit andern Worten: in der psychologischen Gottbildung wird ein Zustand, um Wirkung zu sein, als Ursache personifiziert. Die psychologische Logik ist die: das *Gefühl der Macht*, wenn es plötzlich und überwältigend den Menschen überzieht – und das ist in allen großen Affekten der Fall –, erregt ihm einen Zweifel an seiner Person: er wagt sich nicht als Ursache dieses erstaunlichen Gefühls zu denken – und so setzt er eine stärkere Person, eine Gottheit für diesen Fall an“[3]. **„Nach derselben Logik**

---

1 Genesis 1,1.

2 Schlechta Bd. II, 1178.

3 ebd., Bd. III, 747.

des Gefühls heißt in allen pessimistischen Religionen das Nichts Gott"[4]. Doch was ist mit jenen, die ins Nichts blicken, ohne einen Gott darin zu erkennen? Jenen freien Geistern, den Übermenschen von Übermorgen, die heute noch als gehetztes Tier dem neuen Morgen Zarathustras geduckt entgegenspähen?

Nächster Zug, Schwarz zieht seinen Springer ebenfalls vor die Deckung b8-c6.

„Ich bin Gmork, der Werwolf." „Warum liegst du hier angekettet?" „Sie haben mich vergessen, als sie fortgingen... Es gibt noch andere Welten... Aber es gibt Wesen, die haben keine eigene Welt. Dafür können sie in vielen Welten ein- und ausgehen. Zu denen gehöre ich." „Hast du das Nichts gesehen?" „Ja, viele Male." „Wie sieht es aus?" „Als ob man blind ist." „Warum bist du so böse?" „Ihr hattet eine Welt", antwortete Gmork dunkel, „und ich nicht."[5]. *Weiß reagiert. Läufer von f1 auf b5.*

Denken bis an die Grenze des Denkbaren, fühlen bis die Intensität des Gefühls sich selbst erstickt. Die Zeit gerinnt, bis der Augenblick die Ewigkeit ausfüllt. Ein Wimpernschlag, in dem das Bewusstsein klar und kühl das Wesen der Dinge erblickt. **„Herz hat, wer Furcht kennt, aber Furcht *zwingt*; wer den Abgrund sieht, aber mit *Stolz*. Wer den Abgrund sieht, aber mit Adlers-Augen, – wer mit Adlers-Krallen den Abgrund *fasst*: der hat Mut"**[6]. *Schwarz nimmt seinen Springer nicht aus der Gefahrenzone des weißen Läufers, sondern zieht eine andere Figur.*

Die ewige Wiederkunft des Gleichen, der Moment, in dem das Pendel scheinbar regungslos verharrt, das Empfinden eines Augenblicks der Stille im Chaos, einzigartig und doch tausendmal durchlebt. In sich selbst ruhen, das Jetzt in Händen halten, bereit, ja gierig, erneut den Kampf, die Einsamkeit, die Abgründe zu durchschreiten und doch mit der Ahnung einer unbestimmten Ordnung der Dinge. Im Moment dieser kurzen Erkenntnis, dieser „höchsten Formel der Bejahung" wie Nietzsche es nennt, lodert ein Feuer, das den Phönix verschlingt, ja verschlingen muss, bevor er erneut schöner, bunter, lebendiger aus der Asche seiner letzten Existenz hervortreten kann. In diesem Moment erkennt der Mensch den Unterschied zwischen bloßer Zufriedenheit und dem Glück, das schon den nächsten Tod in sich birgt. **„Die Bejahung des Vergehens *und Vernichtens*, das Entscheidende in einer dionysischen Philosophie, das Jasagen zu Gegensatz und Krieg, das Werden, mit radikaler Ablehnung**

---

[4] ebd., Bd. II, 875.

[5] Ende, M., 1979, Die unendliche Geschichte, 138 ff.

[6] ebd., Bd. II, 524.

auch selbst des Begriffs »*Sein*«“[7]. *Weißer Läufer schlägt schwarzen Springer b5-c6.*

Der Mensch erblickt nicht Gott in solchen Momenten! Wie kommt es, dass Gott solch menschliche Züge trägt? Ist es nicht vielmehr die Unfähigkeit des menschlichen Geistes, sich selbst, das Leben hinter den Dingen zu sehen? Fehlender Mut, sich die Welt erst selbst erschaffen zu müssen? Leben ist Wille zur Macht. *Schwarzer Bauer schlägt seinerseits den Läufer b7-c6.*

Macht ist Wille zum Leben.

Wille ist Macht zum Leben.

Es gibt zwei Entitäten, in denen die Zeit nicht existiert: Die Unendlichkeit und der Augenblick. Aber die Unendlichkeit besteht letztlich aus lauter Augenblicken. Zeit als reine Illusion... und Gott mit ihr. In Momenten der Zeitlosigkeit nur wird sich das Selbst seiner bewusst, wenn es seine Grenzen sprengt. Spiegelfläche gegen Spiegelfläche, ein Bild im Bild im Bild im Bild...

Das Spiel geht weiter, Figuren fallen Zug um Zug und werden vom Brett genommen.

„Oh, ich begriff alles, begriff Pablo, begriff Mozart, hörte irgendwo hinter mir sein furchtbares Lachen, *[Remis]* **wusste alle hunderttausend Figuren des Lebensspiels in meiner Tasche, ahnte erschüttert den Sinn, war gewillt, das Spiel nochmals zu beginnen, seine Qualen nochmals zu kosten, vor seinem Unsinn nochmals zu schaudern, die Hölle meines innern nochmals und noch oft zu durchwandern. Einmal würde ich das Figurenspiel besser spielen. Einmal würde ich das Lachen lernen. Pablo wartete auf mich. Mozart wartete auf mich.“ 17**[8] Und Nietzsche.

Neues Spiel. Weiß ist am Zug.

---

[7] ebd., Bd. II, 1111.

[8] Hesse, H., 1974, Der Steppenwolf, 278.

Miriam Ommeln

Laudatio zum 1. Preis für Eliane Dominok

Sehr geehrte Damen und Herren,

und nun kommen wir zum Höhepunkt der Veranstaltung. Ähnlich wie schon einmal vor 80 Jahren, als 1928 die Nietzsche Gesellschaft in München ein Preisausschreiben unter den damaligen Vorstandsmitgliedern Thomas Mann, Richard Oehler, Hugo von Hoffmannsthal und anderen, auslobte, erhält Nietzsches Philosophie durch die heutigen Preisvergaben erneute Aktualität und Beachtung.

Um so mehr freue ich mich, Ihnen nun die Gewinnerin des 1. Preises bekannt geben zu dürfen: Es ist Frau Eliane Dominok, der ich ganz herzlich gratulieren darf.

Der Beitrag von Frau Dominok heißt: **Ein kosmisches Schachspiel,** bei dem bis an die *Grenzen des Denkbaren* gedacht wird. Er ist ein wahres Gedanken-Spiel, – das an Nietzsches heiteres Spiel der Götter im Zarathustra erinnert – das ganz ursprünglich mit der Genesis anfängt und Zug um Zug in unsere Zeit mit ihren Denkknoten gelangt. Zentrale Zitate von Nietzsche werden mit *eigener* Gedankenwelt und spielerischer Systematik verbunden. Die Leichtigkeit und *zugleich* Schwere der Gedanken erwecken Assoziationen, die in die Tiefe und *zugleich* in die Oberflächenstruktur von Nietzsches Gedanken-Kosmos hineinreichen. Die gelungene Wirkung hiervon ist, – salopp gesprochen –, dass für *jeden* etwas dabei, ganz den jeweiligen Nietzsche-Kenntnissen entsprechend. Dabei ist das vorliegende Schachspiel in keiner Weise eine schwarz-weiß-Malerei, sondern ein Gedankengeflecht, das auch bei mehrfacher Lektüre nicht ermüdet.

Mit Sicherheit sind Sie nun auf die Autorin selbst neugierig geworden, und deshalb möchte ich sie Ihnen kurz vorstellen: Sie ist 29 Jahre alt und Studentin im 5. Semester an der Uni Karlsruhe, und kommt interessanterweise *nicht* aus der philosophischen Provenienz, sondern studierte Psychologie und wechselte dann in die Pädagogik.

Frau Dominok sagte mir vorher augenzwinkernd, dass die meisten Menschen, die sie tief beeindruckt haben, schon tot sind und sich damit, das mit dem "im Himmel wiedertreffen" sich in *ihrem* Falle derzeit erübrige. Deshalb werden wird uns *alle zusammen* jetzt *selbst* in den Kosmos begeben, und dem **kosmischen** Dialog der Schachspieler von Frau Dominok lauschen.

Allerdings machen der vielschichtige Aufbau des Textes, d.h. die Dialogform und die Schachzüge selbst, die quasi den „kosmischen Rahmen" darstellen, es schwer, mit ein und derselben Stimme zwischen „Innen- und Außensicht" sowie zwischen den Spielern hin und her zu wechseln, so dass ich Frau Dominok beim Vorlesen ihres Textes zu Ihrem besseren Verständnis ein klein wenig unterstützen werde.

Udo Strauß, Recklinghausen

Menschenspuren

Ja! Ich weiß, woher ich stamme,
kenne meinen wahren Sinn.
All mein Suchen, all mein Fragen,
zielt auf Ewigkeiten hin.

Zeit und Raum sind mein Zuhause,
was sie fordern, leugnet mich.
Zwischen Werden und Vergehen
Bin ich Frage, träume ich.

Bin nicht Schöpfer, bin nicht Schöpfung,
kenne meinen Namen nicht.
Wenn ich denke, tanzen Bilder,
wie mein Handeln Schweigen bricht.

In dem Spiel der Elemente
bin ich formendes Gesetz.

Warum soll ich mich nicht fragen,
was mein Leben sinnvoll macht?
Mutig soll mein Geist es wagen
Licht zu bringen in die Nacht.

Flamme bin ich, wenn ich fasse,
Asche wird, was ich verlasse!
Doch als aller Kräfte Ziel
Bin ich selber Schicksalsspiel.

Kann nur denken, kann nur fühlen,
wenn ich schuldhaft Spuren schaffe.

Weiß ich denn, woher ich komme,
ahn' ich meines Werdens Ziel?
Was ich denke, wie ich handle,
ist das mehr als blindes Spiel?

Denn am Ende lässt mein Scheiden
nicht ein Fragezeichen stehen
in dem Text, den unverstanden,
wir als Gottes Wirken sehen.

Nein! Ein Funken Glut in mir spricht
gleich dem Schöpfer: Schicksalslaut!
Ist doch auch mein zeitlich Ichsein
Teil auf dem das Allsein baut.

Hans Otto Seitschek

Gegensätze ziehen sich an – Gleich und gleich gesellt sich gern
Laudatio zum 2. Preis für Udo Strauss

Ludwig Wittgenstein und Friedrich Nietzsche sind für den Verfasser des Gedichts *Menschenspuren* „‚die' klassischen Philosophen unserer Zeit", wie er im Begleitbrief zu seinem Gedicht schreibt.

Gegensätzlicher könnten die beiden Gewährsleute von Herrn Strauss nicht sein und doch gehören sie zusammen wie zwei Gleiche. Zwei, die auszogen, das Denken neu zu denken und über klassische Grenzen der *Philosophia perennis*, der historischen Größen, hinauszugehen. Letztlich bleibt für Wittgestein, wie er im *Tractatus logico-philosophicus* (1918/1922) schreibt, seine Philosophie eine Leiter, die man wegwerfen muss, wenn man sie erklommen hat (*Tractatus* 6.54). Das Gedicht von Udo Strauss streckt sich ebenso empor wie eine Leiter: schmal und elegant, vielleicht einem „neuen Menschen" entgegen.

Auch viel neues Denken steckt in dem wohlgeformten Gedicht *Menschenspuren*, das mit einem aufmunternden „Ja!" beginnt. Doch die Menschen gehen in diesem Gedicht eigene Wege, sie folgen eigenen Spuren und hinterlassen dabei selbst welche. Spuren, auf denen dann später gegangen werden kann – wenn sie nicht verwischen.

Die Menschen kennen ihre Herkunft nicht. Sie wissen ihren Namen nicht. Sie sind „nicht Schöpfer" und „nicht Schöpfung". Doch was dann – einfach Mensch? Ihr Zuhause ist den Menschen „Zeit und Raum". Es ist ihr Gehäuse, in dem sie sich auskennen, zwischen „Werden und Vergehen" entfalten und ihre Vernunft anwenden können.

Die Menschen sind nicht Herren ihrer selbst. Sie sind im „Spiel der Elemente" begriffen und „tanzende Bilder" – doch sind sie frei? Das Gedicht lässt diese Frage offen, wie es vieles in offener Andeutung lässt. Vielleicht den Spuren des Menschen Nietzsches folgend. „Wovon man nicht sprechen kann, darüber muß man schweigen" lautet der letzte Satz in Wittgensteins *Tractatus* (7). Das Gedicht von Udo Strauss ist nicht nur Sprechen, sondern auch Schweigen. Es schweigt über das, wovon man nichts aussagen kann: das Geheimnis Mensch. Doch ist dies ein beredtes Schweigen, das uns doch Zeichen gibt über das, was wir sind: Menschen.

Die Frage nach Sinn wird in Strauss' Gedicht offen gestellt. Sie ist legitim. Doch die Antwort? Die Antwort kann wohl keiner so recht geben, zu sehr überwiegt die Nacht des Nichtwissens und Unsicherseins, zu groß ist das „Fragezeichen“, welches wir sind, und das von uns bleiben wird, wenn wir auf Erden nicht mehr sein werden. Der Mensch sucht seines „Wirkens Ziel“. Ein *télos*? Er will wissen, was es mit seinem ungeschaffenen Schicksal auf sich hat. Den oft „unverstandenen Text“ des menschlichen Lebens können wir als „Gottes Wirken“ stehen lassen, ja sein-lassen, um uns in Freiheit selbst zu gewinnen – erlöst, ausgewählt, von Gott.

Doch der Mensch kann auch „Nein!“ sagen und sich gottgleich Schicksalslaute sprechen hören, die seine Ichheit zur Allheit, zum Absoluten gerieren lassen. Vielleicht ist gerade hier der Punkt der Subjektwerdung, des Inneseins seiner selbst. Diese letzte Strophe des Gedichts – die „Nein!“-Strophe – stellt sich gegen die neun Strophen zuvor und tanzt in Rhythmus und Versmaß aus der Reihe. Doch nur mit dieser letzten, zehnten Strophe wird *Menschenspuren* von Udo Strauss zu einem großen Ganzen, kommt es zu einer Rundung.

Udo Strauss hat seine Gedanken gelungen zu einem Gedicht verwoben. Er stellt das Subjekt nicht in Frage, aber befragt es auf seine Herkunft, um ihm im Selbststand Zukunft zu geben.

Eine glückende Zukunft? – Hoffentlich!

Maximilian Breu, Freising

Mein Nietzsche: Die Sprachentlarvung

Meine ersten Berührungspunkte mit Friedrich Nietzsche hatte ich mit sechzehn Jahren ohne diese Berührung überhaupt wahrzunehmen: Ich begann Gedichte zu schreiben und mich politisch zu engagieren. Im Laufe der nächsten drei Jahre lernte ich dadurch die Macht von Worten und damit die Macht der Sprache kennen. Rhetorik und kunstvoller Sprachgebrauch beeindruckten mich. Eine klare Welt spannte sich vor mir auf, wenn ich ein Gedicht las oder schrieb, einen Zeitungsartikel überflog oder einer Rede zuhörte.

Doch im Sommer nach meinem Abitur veränderte sich etwas, ohne dass ich es hätte beschreiben können, und die Sprache kam mir plötzlich leer vor. Nichts passte mehr zusammen. Wie konnte denn das Wort „Baum" in einem Gedicht den Baum vermitteln, den ich vor Augen hatte? Wieso war das Prädikat immer dasselbe, egal ob es in Sätzen wie „Peter liebt Hamburger", „Katharina liebt Markus" oder in einem geflüsterten „ich liebe dich" steckte? War denn dieses Wort vollkommen beliebig? Und was war eigentlich dieses seltsame Gefühl, wenn man fünfzehnmal hintereinander „Tanzbärentanz" sagt? In diesen Momenten wusste ich nicht, was „Tanz" bedeuten soll. Die Worte waren nun nicht mehr meine Freunde. Sie „zerfielen mir im Munde wie modrige Pilze", wie es einst Hugo von Hofmannsthal in dem Brief von Lord Chandos an Francis Bacon beschrieb. Ein Bauchgefühl warf meine Pläne Wirtschaft oder Lehramt zu studieren über den Haufen und ich bewarb mich für Philosophie.

Für das Propädeutikum sollten wir „Über Wahrheit und Lüge im außermoralischen Sinn" lesen. Das war meine erste Begegnung mit Friedrich Nietzsche. Zu diesem ersten Date erschien ich unrasiert. Und trotzdem nahm er mich ernst und schien mich zu verstehen, obgleich ich ihn damals kaum verstand.

Nietzsche legte den Grund meines Sprachproblems offen: „Jedes Wort wird sofort dadurch Begriff, dass es eben nicht für das einmalige, ganz und gar individualisierte Urerlebnis, dem es sein Entstehen verdankt, etwa als Erinnerung dienen soll, sondern zugleich für zahllose, mehr oder wenig ähnliche, d.h. streng genommen niemals gleiche, also auf lauter ungleiche Fälle passen muss. Jeder Begriff entsteht durch gleichsetzen des Nicht-Gleichen." (KSA 1, 879/880 WL). Deshalb hatte ich auch immer das Gefühl, dass die Worte nicht passen wollten. Wie sollten sie auch? Sie waren ja etwas gänzlich anderes, als das, was ich eigentlich ausdrücken wollte. Die Begriffe waren für mich bis dahin immer etwas unverrückbar Wahres und Festes. Natürlich konnten sie missbraucht werden, aber sie waren für mich bis dahin etwas Absolutes. Nietzsche negierte dies vor meinen Augen als er die Frage stellte, was ein Wort sei und darauf antwortete: „Die Abbildung eines Nervenreizes in Lauten. Von dem Nervenreiz aber weiterzuschließen auf eine Ursache außer uns, ist bereits das Resultat einer falschen und unberechtigten Anwendung des Satzes vom Grunde. Wie dürften wir, wenn die Wahrheit bei der Genesis der Sprache, der Gesichtspunkt der Gewißheit bei den Bezeichnungen allein entscheidend gewesen wäre, wie dürften wir doch sagen: der Stein ist hart: als ob uns "hart" noch sonst bekannt wäre, und nicht nur als eine ganz subjektive Reizung! (...) Das "Ding an sich" (das würde eben die reine folgenlose Wahrheit sein) ist auch dem Sprachbildner ganz unfaßlich und ganz und gar nicht erstrebenswert. Er bezeichnet nur die Relationen der Dinge zu den Menschen und nimmt zu deren Ausdrucke die kühnsten Metaphern zu Hilfe. Ein Nervenreiz, zuerst übertragen in ein Bild! Erste Metapher. Das Bild wieder nachgeformt in einem Laut! Zweite Metapher. Und jedesmal vollständiges Überspringen der Sphäre, mitten hinein in eine ganz andre und neue." (KSA 1, 878/9 WL). Wenn Wörter nur Übertragungen waren, Metaphern, völlig ohne die Sicherheit, dass hinter ihrer Struktur die Wahrheit steckte, dann erklärte sich auch mein seltsames Gefühl nichts wirklich durch Sprache erfassen zu können. Der Begriff und das Ding, das begriffen werden sollte, konnten nie zusammenfallen. „Gott sprach, es werde Licht und es ward Licht", das ist Gott allein vorenthalten. In unserer Welt war dieser ursprüngliche Glaube an die wahrhaftige und sinnerfüllte Sprache nur dadurch möglich, „dass der Mensch sich als Subjekt und zwar als künstlerisch schaffendes Subjekt vergisst." (KSA 1, 883 WL).

Die Lektüre des Aufsatzes und der erkannte Zweifel an der Sprache eröffneten eine weitere Frage: Wie geht es nun weiter? Sollte man für immer Schweigen, da wir „doch nichts als Metaphern der Dinge [besitzen], die den ursprünglichen Wesenheiten ganz und gar nicht entsprechen"? (KSA 1, 879 WL)

Meine Perspektive auf die Sprache und die Welt wandelte sich, je mehr ich auch selbst über das Gelesene nachzudenken begann. Auf die Frage fand ich zwei Antworten: Manchmal ist das Schweigen die einzig richtige Antwort. Immer wenn der Moment bis an den Rand mit Sinn gefüllt ist und man das Gefühl hat sich auf einer ganz anderen Ebene zu verstehen, als es Worte fassen könnten, dann gilt „Reden ist Silber. Schweigen ist Gold". In diesen Situationen stören und zerstören Worte, dort haben sie keine Berechtigung. Es ist ein anderes Wahrnehmen, so wie es die Liedzeilen aus „Enjoy the silence" von depeche mode beschreiben:

„All I ever wanted
All I ever needed
Is here in my arms
Words are very unnecessary

They can only do harm”

Und dann gibt es die Möglichkeit sich selbst als künstlerisch schaffendes Subjekt wahrzunehmen. Die Sprache hat zwar keinen festen Untergrund, doch das Individuum kann ihr Gehalt geben. Das Bewusstsein, dass es Dinge gibt, die man nicht durch Sprache ausdrücken und dass ich mit meiner Sprache niemals das Wesen der Dinge ergründen kann, bleibt nach der Lektüre zurück. Doch mit ihm auch das gute Gefühl, dass die Sprache ein kostbarer Schatz ist.

Wir können ihr Inhalt und Sinn dadurch geben, dass wir sie nicht mehr als Alltägliches, sondern als etwas Besonderes wahrnehmen und dementsprechend gebrauchen. Ein erster Anfang wäre eigene Metaphern zu suchen und den eigenen Worten mehr Aufmerksamkeit zu schenken. Wir sollten anfangen Worte zu sparen, auch wenn das fast schon einem Ausstieg aus unserem Medien- und Kommunikations-Zeitalter gleicht, in dem wir dazu aufgefordert werden immer mehr zu reden um den Informationsfluss am Laufen zu halten. Das Handy auszuschalten, nicht mehr ununterbrochen erreichbar zu sein, sich Zeit für die leisen Dinge im Leben zu nehmen und das Leben damit wieder intensiver wahrzunehmen, das waren die Ratschläge, die mir Nietzsche ohne Handy mit auf den Weg gab.

Heinz Neumann-Riegner

Laudatio zum 3. Preis für Maximilian Breu

Ein Abiturient hat sein Chandos-Erlebnis. Es erstirbt ihm sein Vertrauen in die Wörter. Da setzt einer sein bayerisches Reifezeugnis aufs Gedanken-Spiel und verliert den anvisierten goldenen Boden der Wirtschaft - wohl in Vorahnung, dass manches Katzenjammergold bloß glänzt und mit kakophoner Blechmusik seine Hohlheit zum Börsenblasenbersten bringt. Er geht vom harten Taler- hin ins Thales-Land, wo alles doch nur Wasser, Meer und Welle ist, wo Heim und Hof nur aus und auf dem Sand zu bauen sind, im Wechsel der Gezeiten der mephistophelitischen Destruktion verfallen. Ins Land der Philosophen, die nichts haben, die nichts sind, die nur werden. Die gerne Weisheit hätten und immer mehr verlieren, je mehr sie das Thales-Meer gewinnen: Im "thaumazein", im Wundern, Staunen, Stutzen, stürzen einem da die Bauklotztürme der Denk-Versicherungen, die Wortpaläste und Lebensendvillen der Denkruhestands-gesellschaft zusammen. Wer den Diskursen, den Auseinanderläufen der großen und kleinen Märchen-Erzähler folgen will, ja, um der Reflexion willen sich über sie hinwegheben will um ihrer Wörter-Wege ansichtig zu werden, der muss zum nietzscheanischen Luftschiffer des Geistes über dem Wörtermeer werden. In den außermoralischen Logbüchern dieser Wortlustschifffahrt ist dann viel die Rede von Gefallenen im Kampf mit dem blanken Hans und von geplatzten Seifenblasenopera, wahrheitssingenden Wasserspiegeln, blauen Stunden und Atlantisträumen. Die Philosophen, sofern sie denn wissen auf welchem Wörter-Meer-oder-Weniger sie ihr Mundwerk treiben, sind Habenichtssicher, die eigentlichen Ab-solutisten, die von festländischer Bodenständigkeit Gelösten, aus fundamentaler Seins-Gewissheit Erlösten, die sich im ozeanischen Fluten der mega-, ja relatiefen Wörter-See ihren langen Atem, ihren Über-Blick, ihre Ausdauer, ihre Unermüdlichkeit bewahren - man denke an den Schluss der Morgenröte.

Und da stellt einer die Frage nach dem Halt nicht als bausparsamer Häuslebauer. In der lichtenbergischen Wörter-Welt sind die aufrichtigsten Bauunternehmer die Künstler, die mit jedem Werk zu neuer Wahrheits-Suche aufbrechenden Dichter, die der Ideenhimmelbetonist Platon als tugendbunkerhafter Wahrheits-Finder aus seiner Republik zu Recht verbannen wollte. Dichter-Werke sind nicht ewige Fundamente, nicht hundertjährige Eigentumswohnungen, nicht waffenstarrende Zwing- und Wagenburgen, nicht heilige Zikkurate, Dichter-Werke sind Wege, Berichte vom Wagen ins Fremde, Neue, bisher Ungesehene, Wörter-Wellen-Welt-Schöpfungen, auf den Sand gespieltes

Strandgut. Nur Projekte, aus dem inneren Meer ins Sichtbare Geworfenes. Dichter treiben und treiben es auf den Wörtern, reisen auf ihren Wort-Vehikeln, gebären spinnengleich ihr Pflaster-Wege-Netz. Und warten auf ihren idealen Leser: der Meer will, dem unter den Füßen das Pflaster zum Strand wird.

Einer der philosophieren will und nicht das ernste Spiel der Dichter sich zu eigen macht, bleibt im Räsonieren, wo er doch der großen Vernunft, dem Vernehmen des Licht-und-Ton-Wellenschlags, resonieren, ant-worten sollte. Die linguistischen Turn-Übungen eines Wittgensteins sind weit entfernt von solcher Resonanz-Körper-Kultur. Ganz anders die Denk-Tanzkunst eines Nietzsche: „und ich wüßte nicht, was der Geist des Philosophen mehr zu sein wünschte, als ein guter Tänzer". Nietzsche der Sprach-Tanz-Künstler war ein Säer des Sprachzweifels und ein Adlerauge-Seher und Edelohr-Lauscher der ewig werdenden Welt, für deren Kommen und Gehen, für deren Auf und Ab, Irrung und Wirrung die Wörter zu den besten Reise-Gefährten des Nachdenklichen werden. Nicht die routinierten, die nicht oder hohl klingenden Wörter, sondern die liebend erkannten, innen und außen polyphonen, die phonetisch und semantisch ausstrahlenden Wörter einer anders als t-mobilen Wortanschauung.

Tanze mit den Wörtern, schau ihnen tief in die Augen, geh zu den Dichtern! sei mit Nietzsche dem Philosophierenden gesagt, dort erfährst, ja er-fährst du ein besonderes Unterwegs-Sein, ein bebendes Schweben, jenseits von Subjekt und Objekt, deine und der Welt Trajektivität.

Das Schweigen ist - wie schon das Buch Koheleth es weiß - gelegentlich auch an der Zeit, ist das Memento mori, der Rest, das schöne Unsagbare, die innere Sammlung, das carpe corpus, das Nur-noch-den-Körper-sprechen-Lassen. Dafür gibt es Orte, nicht Worte, dafür gibt es Laute und Leises, Hände, Lippen und Zungen im Freigang. Auch diese Weisheit will geliebt und gesucht werden.

Von all dem schrieb und schwieg beredt da einer, nämlich Maximilian Breu, dem ich zu seiner Nietzsche-Begegnung gratuliere und auf seinen weiteren Trajekten viele schöne Entdeckungen wünsche.

Anm. der Herausgeber: Da der Film nicht ins Buch integriert werden kann, bringen wir im folgenden die Begründung von Christina Weidemann für das Projekt ihres Nietzsche-Films. Vielleicht überzeugt das ja den einen oder anderen Sponsor, so dass wir möglichst bald über die frühe Jugend Nietzsches hinauskommen werden, denn wir sind in der Tat sehr gespannt, wie es weiter geht – obwohl die Nietzsche-Kenner unter uns sich das so ungefähr vorzustellen vermögen. Aber gerade die Umsetzung dessen, was man schon weiß, lässt ja die Spannung steigen.

Christina Weidemann, Leipzig

Warum einen Nietzsche-Film?

Viele Kollegen unseres Teams sind zwar begeisterte Nietzsche-Leser, wir sind aber keinesfalls Spezialisten. Im Laufe meiner nun 15jährigen Beschäftigung mit Nietzsche entstand das dringende Bedürfnis, diesen großen Dichter-Philosophen zu rehabilitieren- und damit eine Plattform für ein neues Verständnis dieser Persönlichkeit zu schaffen. Die Verfälschung seines Werkes durch die Schwester hat Spuren hinterlassen, die auch heute noch in den Köpfen unserer Zeitgenossen geistern- trotz aller Versuche, diese Verfälschungen aufzuklären.

Noch gibt es keinen Spielfilm über Friedrich Nietzsche. Das mag wohl daran liegen, dass eine solche Arbeit zuviel Recherche verlangt - vor allem intensive, äußerst zeitaufwendige Recherche. Wir wagen uns an dieses schwierige Thema und hoffen auf jedwede Unterstützung.

Das Team besteht aus zwanzig Mitarbeitern, die hauptberuflich in ganz unterschiedlichen Positionen und bei unterschiedlichen öffentlich- rechtlichen Anstalten in der Filmbranche beschäftigt sind (MDR, RBB).

Wir setzen ausschließlich eigene Ideen und Drehbücher um. Aufgrund unserer schlechten Erfahrung mit der Filmförderung im mitteldeutschen Raum sind wir mit unseren Projekten auf Sponsoren angewiesen. Produziert werden unsere Filme von einer Leipziger TV-Produktionsfirma. Der Inhaber dieser Firma, Herr Holger Teupel, ist Produzent und Kameramann. Unter seiner Leitung entstand 2003 unser erster Kurzfilm „Die Enkelin“.

Mit ihm ist auch unser Nietzsche-Film geplant. Herr Teupel wird bei der aktuellen Produktion neben seiner Tätigkeit als Produzent auch als leitender Kameramann fungieren.

Für die Verwirklichung des Filmprojektes haben wir uns folgenden Zeitrahmen gestellt: Der Beginn der Dreharbeiten ist für März 2009 geplant. Alle für den Film wichtigen Darsteller sind im Wesentlichen benannt. Für die Regie sind wir mit mehreren Interessenten im Gespräch.

Bis jetzt wird das Filmprojekt von uns selbst finanziert- für die Aufnahmen im Ausland benötigen wir allerdings Hilfe. Im November 2008 wurden noch Förderanträge gestellt. Trotz allem werden wir ohne private Sponsoren im In- und Ausland nicht so arbeiten können, wie wir es gern würden.

Vielleicht können Sie uns durch Ihre Ideen helfen, weitere Türen zu öffnen.

Elke Wachendorff

Laudatio zum Sonderpreis für Christina Weidemann

Meine Damen und Herren,

Ein Sonderpreis bei einem Preisausschreiben ist etwas ganz besonderes.

Etwas ungeplantes, unerwartetes, und doch ganz überzeugend unausweichliches: Ein Beitrag steht ganz alleine, singulär heraus, er läßt sich in jeglicher Hinsicht mit anderen kaum ohne Verzerrung vergleichen, ist von ganz anderer Art und eigenem Anspruch, und trifft das gestellte Thema doch in jeglicher Hinsicht wie auch in seinem Ausmaß auf ganz unerwartete Weise überzeugend. Ein Beitrag erweist sich schlagartig als ein Sonderling und berührt auf ganz eigene, unvergleichliche Weise, er fordert seine eigene Wertschätzung ein. Diese Wertschätzung schien im einvernehmlichen Urteil der Juroren daher nur in Gestalt eines eigens geschaffenen Sonderpreises auszusprechen möglich.

1000 Worte zu Mein Nietzsche: so lautete das Anforderungsprofil.

Doch, was sind 1000 Worte in Gestalt eines Spielfilmes? Vielleicht tatsächlich 5 Minuten einer Arbeitsprobe, eines ersten Versuches und Entwurfes, zwar konzipiert im Blick auf ein groß angelegtes Gesamtprojekt, und doch das persönliche Statement ganz präsentierend. Und dieses Großprojekt geht in diesem Falle auf die cineastische Vergegenwärtigung von Friedrich Nietzsches philosophisch-poetischen Lebensweg.

Die Entstehungsgeschichte zu diesem Projekt zählt nun ganze 19 Jahre: Nach dem Fall der deutsch-deutschen Mauer begann es zu gären, zu drängen, zu reifen im Herzen der Preisträgerin, ließ sie nicht mehr los, lässt sie nicht mehr los, wird sie nicht mehr loslassen – so hoffen und wünschen wir eindringlich - bis zu seiner Vollendung.

Der Keim zu diesem Projekt jedoch wurde noch früher gelegt zu Zeiten der damaligen Deutsche Demokratischen Republik, als es noch keineswegs erwünscht und gestattet war, sich mit diesem Philosophen zu befassen. Die Preisträgerin erläutert hierzu: „Mein erster Nietzsche- Kontakt fällt in das Jahr

1974 - Zarathustra war`s - und er ging mir entsetzlich auf die Nerven. Ich las ihn damals nur, weil mein großer Schwarm, Germanistik- Student und unerreichbar, ihn mir geschenkt hatte. In Leipzig hatte mein ‚Inoffizieller Mitarbeiter', genannt IM, den Decknamen ‚Atair' und sollte sich (ist schriftlich erhalten und in meinem Besitz), vor einem Gespräch mit dem Fräulein Schumer (mein Mädchenname) mit der Philosophie Friedrich Ni(!)tzsches vertraut machen' - wunderbar!"

Mein Nietzsche: der Titel unseres Preisausschreibens steht hier als Motto über einem Projekt, das mit gutem Recht als ein Lebens-Werk, Leben prägendes und bestimmendes Werk verstanden werden kann, ein Projekt, das schon eine große Strecke seines schwierigen Weges zurückgelegt hat, ein Lebens-Werk, das die entscheidende große und letzte Etappe seiner Verwirklichung jedoch noch vor sich hat.

Es ist laut Statut das besondere Anliegen des Nietzsche-Forums München, im Unterschied zu rein akademisch fachwissenschaftlich orientierten philosophischen Gesellschaften und deren Veranstaltungen, die Gedanken Friedrich Nietzsches und deren Fruchtbarkeit für die geistesgeschichtliche Entwicklung des 20.ten Jahrhunderts bis in die heutige Gegenwart, dem interessierten allgemeinen Publikum und vornehmlich der jungen und jüngsten Generation nahe zu bringen. Eine philosophisch wie poetisch bewusst und reflektiert gestaltete Verfilmung seines Lebens scheint für die heutige Zeit und die medialen Präferenzen vornehmlich der Jugend in ganz besonderem Ausmaß geeignet, unser aller Ohren, „kleine Ohren für Unerhörtes" – wie Nietzsche sie für sich selbst aus durchaus nicht unphilosophischen Gründen und Hintergründen in Anspruch nahm – für die Gedankenwelt Friedrich Nietzsches zu eröffnen.

Der eingereichte Beitrag von vergleichbar 1000-Film-Worten besteht aus einer 5-minütigen ersten Arbeitsprobe zu diesem Filmprojekt. Doch diese 5 Minuten sind – Sie werden es selbst erfahren meine Damen und Herren – derart gestaltet, daß die Sehnsucht nach dem vollendeten Werk den Zuschauer unweigerlich ergreift. In den Worten eines der Juroren: „Der Film ist sehr überzeugend und beeindruckend. Schon die erste Charakterisierung der Kinder Elisabeth und Friedrich ist treffend und dabei bestens musikalisch untermalt. Die tiefen und einschneidenden Erlebnisse der Kinder Nietzsche angesichts des todkranken Vaters werden drastisch deutlich. Ebenso die religiöse Enge, wie sie die Röckener Dorfkirche bis heute vermittelt. Die filmische Skizze fängt die Atmosphäre einer deutschen Kindheit in der Mitte des 19 Jahrhunderts gut ein, ohne große Worte zu machen. Diese schlummern noch im Kopf des kleinen

Friedrich." (H. O. Seitschek)

Der situativ äußerst gelungenen musikalischen Gestaltung durch die Komponistin Frau Simone Danaylowa – Dozentin an der Hochschule für Musik und Theater Leipzig – kommt für die Gestaltung dieses ersten Wurfes nach dem Urteil der Jury dabei ganz besondere Bedeutung zu. Frau Danaylowa konnte heute allerdings leider nicht anwesend sein um die Preisträgerin unseres Sonderpreises zu begleiten. Ihr gilt somit auf dem Wege der Gedanken unser herzlicher Gruß und Glückwunsch.

Ganz besonders aber beglückwünschen und danken wir der Preisträgerin des Sonderpreises des Nietzsche – Forums München, Frau Christina Weidemann.

Das Filmprojekt wird bis heute unter Frau Weidemanns Konzeption und Autorschaft, sowie Anführung und Motivierung von einem Team unterschiedlichster beruflicher Herkunft und variierender Zusammensetzung ausschließlich nebenberuflich erarbeitet und gestaltet. Doch was für Studien und Vorarbeiten unter großen Opfern und Schwierigkeiten machbar wurde, übersteigt eindeutig die finanziellen Spielräume eines solchen Teams, wenn es um die professionelle Realisierung eines solchen gesamten Projektes geht. Hierzu sind Sponsoren und tatkräftige Unterstützer notwendig.

Und so versteht sich der Sonderpreis des Nietzsche-Forums München für das Projekt *Mein*Nietzsche auch als Hoffnungsträger, als Ermutigung und Aufforderung an „Jeden und Keinen" um es mit Nietzsche zu sagen, zur Verwirklichung dieses noch offen liegenden Weges beizutragen und beitragen zu helfen.

Wir wünschen dem weit dimensionierten Filmprojekt alles Gute und begleiten es mit großer Freude, Hoffnung und Dankbarkeit.

Jürgen Balitzki, Berlin

Brückebild

Das Bild entstand zum 100. Geburtstag der Dresdner Künstlergemeinschaft BRÜCKE (1905), deren Namensgebung sowohl auf die Beschäftigung mit Nietzsche als auch auf die zahlreichen Verbindungen zwischen den beiden Elbufern zurückgeht, speziell Erich Heckel und Ernst-Ludwig Kirchner hatten sich mit Nietzsches Werken beschäftigt. Letztlich war es Schmidt-Rottluff, der Gleichnis und Bauwerk gedanklich verband und den Gemeinschaftsnamen BRÜCKE vorschlug.

Was groß ist am Menschen,
das ist, dass er eine
Brücke
und kein Zweck ist

Ulrike Blasius, Hamburg

Mein Nietzsche

Nur einige Zeit später, veränderte sich mein Leben vollkommen. Ich sah in einem Musik Video einen Sänger und wusste, dass in diesem Augenblick nichts mehr so sein würde, wie es eben noch war. Mir offenbarte sich eine neue Liebe und in diesem Moment,besann ich mich an Worte, die mir vor langer Zeit gesagt wurden. „Wenn du es schaffst, eines Tages den Gegensatz von dir zu finden und ihr durch eure Liebe die Gegensätze verschmelzen, vereinigen lasst, dann werdet ihr beide so frei sein." Niemals hatte ich einen so vollkommen in sich sicheren Menschen gesehen. So wirkten sonst nur Kinder. Diese ausstrahlende Sicherheit gab mir Atem.

Mein Mann meinte, er hätte eine CD von ihm zum Geburtstag bekommen. Von da an, sog ich die und alles Andere was es von ihm zu hören und zu sehen gab in mir auf. Sollte er es wirklich sein, nach dem ich unbewusst immer auf der Suche war? Was nutzte mir mein Wissen, wenn er doch unerreichbar war.

Doch die Macht der Liebe, die er bewirkte, wuchs in mir ins unermessliche. Ich las sein Buch, verschwand in seine Welt durch Video-Clips und verstand seine Gedanken in seinem Anblick. Die Sehnsucht in seinen Augen, die Wahrnehmung in seinem Ausdruck, war mir Öffnung in seine Seele. Doch noch war ich nicht ganz zugänglich, mir fehlte noch der Kuss des Erwachens. Eines Abends sollte es soweit sein, das unser Bewusstsein in Verbindung trat. Mein Mann war auf dem Sofa eingeschlafen und träumte vom Mars. Er träumte, er lief dort im Regen durch braunen Schlamm.

Ich erinnerte mich daran, dass ich an diesem Tag Jemandem begegnet war. Ich dachte an den alten Mann, dem ich am Vormittag mit meiner Tochter auf dem Weg zum Arzt getroffen hatte. Sie war erkältet. Wir hatten noch ein wenig Zeit bis zu dem Termin. Der Mann stand vor einem Zigaretten laden und war wohl ein Obdachloser. Er schimpfte über die Frau im Laden, das sie so viele Zigaretten hätte und ihm nicht eine davon schenkte. Da er mir leid tat und ich mich auch gut fühlen wollte, gab ich ihm einen Euro und wollte weiter.

Doch er sah mich mit seinen hellen blauen Augen an, dann meine Tochter und sprach auf sie ein. „Ob sie schon mal was von der versunkenen Stadt Atlantis, tief unter dem Meer gehört hätte?" „Nein", sagte sie und hörte ihm weiter zu. Dann erzählte er ihr eine Geschichte und sie sah ihn aufmerksam an.

Dass einmal ein großer Herrscher in der Stadt Atlantis gelebt hatte. Dieser Herrscher besaß die besondere Gabe, in die Zukunft zu blicken. Diese Zukunft offenbarte ihm eines Tages, das in seiner Stadt Atlantis die Liebe aussterben würde und nur die Unliebe in den Menschen übrig bliebe und die Stadt dann dem Untergang geweiht wäre. Darüber wurde der Herrscher so traurig, dass er immerzu weinen musste. Seine Tränen überschwemmten ganz stetig die Stadt, bis sie daran unterging. Lange bevor die Liebe dort ausstarb. Und dass das Meer an dieser Stelle seitdem so strahlend blau ist, wie einst die Augen des Herrschers.

Der alte Mann ließ den Blick kurz von meiner Tochter und sah mich mit seinen offenen Augen an. „Wir müssen weiter, haben einen Arzttermin“, erklärte ich. In seinem Blick lag Geringschätzung, so als hätten wir immerzu beschäftigten Erwachsenen keine Bedeutung für ihn. „Ja geh nur deines Weges“, sagte er.

Er verabschiedete sich von meiner Tochter und da er beim sprechen ein wenig spuckte, berührte etwas davon ihr Gesicht. Na toll, dachte ich, hoffentlich hat er keine Tuberkulose. Wir gingen dann erstmal zur Apotheke und dort rieb ich ihr mit Sagrotan -Tüchern das Gesicht ab. Beim Arzt überlegte ich noch, ob ich den Arzt darauf ansprach. Da dachte ich, wie blöd bist du eigentlich? Er ist ein Mensch wie du und keine Seuche. Wo lebst du denn? Bestimmt nicht in einem Land, in dem jeder Arme mit offener TB herumläuft. Vertrau doch einfach mal, das schon gut ist. Aber mit dem Vertrauen tat ich mich schon lange schwer. Doch diesmal ließ ich mich darauf ein. Daran erinnerte ich mich am Abend. Ich wollte meinem Mann davon erzählen, doch der schlief noch.

Ich sah mir dann eine DVD meines geliebten Sängers an, dabei las ich ab und zu in dem von ihm erwähnten Werk Nietzsches: „Jenseits von Gut und Böse“.

Und holte mir in Gedanken meine tote Freundin zurück, wie ich es in letzter Zeit öfters tat. Sie fehlte mir wieder so. Plötzlich öffnete sich mein Bewusstsein. Mir wurden Geschehnisse klar über das Leben und den Tod. Ich verstand warum sie gestorben war und wo Nietzsche nun war. Seine geschriebenen Worte, flüsterten es in meine Seele, erzählten mir vom Genie des Herzens, von dessen Berührung.

„"Das Genie des Herzens, von dessen Berührung jeder reicher fortgeht, nicht begnadet und überrascht, nicht wie von fremden Gute beglückt und bedrückt, sondern reicher an sich selber, sich neuer als zuvor, aufgebrochen, von einem Tauwinde angeweht und ausgehorcht, unsicherer vielleicht, zärtlicher zerbrechlicher zerbrochener, aber voll Hoffnungen, die noch keinen Namen haben, voll neuen Willens und Strömens, voll neuen Unwillens und Zurückströmens...“ Ach mein wertvoller, kostbarer Freund Nietzsche, Jenseits von Gut und Böse.

Als ich meinen Blick wieder auf das Musikvideo richtete, sah der Sänger mich mit großen Augen an. Ruhig und doch atemlos fragte er mich: „Willst du heute für mich sterben?“ Mein Herz begann rasend zu schmerzen. Mein Blick gebannt, nahm nichts anderes mehr wahr außer ihm. Seine Worte blieben. In mir schien etwas lebendig zu werden, was so lange in mir begraben war. Das alles geschah bei dem Lied Nr. 8, das merkte ich mir noch und besann mich darauf.

Irgendwann kam ich wieder zurück in den Raum um mich. Mein Mann schlief noch immer. Ich weckte ihn.

Am nächsten Tag, sah ich mir die DVD noch mal an. Es gab kein Lied Nr. 8 auf der DVD: „Birth of the Anti – Christ“. Aber irgendwann, in einer stärkeren Zeit, als diese morsche, selbstzweiflerische Gegenwart ist, muss er uns doch kommen, der erlösende Mensch der großen Liebe und Verachtung, der schöpferische Geist, der seine drängende Kraft aus allem Abseits und Jenseits immer wieder wegtreibt, dessen Einsamkeit vom Volke missverstanden wird, wie als ob sie eine Flucht vor der Wirklichkeit sei - während sie nur Versenkung, Vergrabung, Vertiefung in die Wirklichkeit ist, damit er einst aus ihr, wenn er wieder ans Licht kommt, die Erlösung dieser Wirklichkeit heimbringe: Ihre Erlösung vor dem Fluche, den das bisherige Ideal auf sie gelegt hat.

Dieser Mensch der Zukunft, der uns ebenso vom bisherigen Ideal erlösen wird als von dem, was aus ihm wachsen musste. Vom großen Ekel, vom Willen zum Nichts, vom Nihilismus, dieser Glockenschlag des Mittags und der großen Entscheidung, der den Willen wieder freimacht, der der Erde ihr Ziel und dem Menschen seine Hoffnung zurückgibt, dieser Antichrist und Antinihilist, dieser Besieger Gottes und des Nichts - er muss einst kommen.

–Zur Genealogie der Moral - Friedrich Nietzsche

Marcus Andreas Born, Wuppertal

Nietzsche verstehen? Eine Skizze

Obwohl Nietzsches Werke in der Zeit vor seinem geistigen Zusammenbruch kaum rezipiert wurden, schätzte er ihre Wirkung auf die Nachwelt mit unverhohlenem Selbstbewusstsein ein. Für ihn, der sich selbst in „Ecce Homo" messianische Züge zuschrieb[1], stand die Zukunft unter dem Stern seines poetisch-philosophischen Textes „Also sprach Zarathustra", für dessen Interpretation er Lehrstuhlgründungen vorhersah.[2] In dieser Haltung drückt sich ein Habitus aus, der als erzieherisch gekennzeichnet werden kann und in dem sich Nietzsche nicht von seinen philosophischen Vorgängern unterscheidet. Wie

---

[1] Vgl. KSA 6, 355; *Ecce Homo*: Götzendämmerung 2.: „allen Ernstes, Niemand wusste vor mir den rechten Weg, den Weg aufwärts: erst von mir an gibt es wieder Hoffnungen, Aufgaben, vorzuschreibende Wege der Cultur – ich bin deren froher Botschafter... Eben damit bin ich auch ein Schicksal" (Ich verwende für Zitate aus Nietzsches Werken die Kritische Studienausgabe = KSA). Die Briefe zeigen, dass sich die prophetischen Töne nicht nur im Spätwerk, sondern auch in früheren persönlichen Dokumenten wiederfinden lassen, aus denen eine kleine Auswahl gebracht wird: Malwida von Meysenbug teilt er im Juni 1884 mit: „Und gewiß ist Dies: ich will die Menschheit zu Entschlüssen drängen, welche über die ganze menschliche Zukunft entscheiden, und es kann kommen, daß einmal ganze Jahrtausende auf meinen Namen ihre höchsten Gelübde thun" (KSB 6, 510). An Georg Brandes am 20. November 1888: „ich schwöre Ihnen zu, daß wir in zwei Jahren die ganze Erde in Convulsionen haben werden. Ich bin ein Verhängniß" (KSB 8, 482).

[2] KSA 6, 298; *Ecce Homo*: Warum ich so gute Bücher schreibe 1.

diese erklärt er seine unwissenden Mitmenschen zu belehrungsbedürftigen Schülern, was sich am deutlichsten an Platos Höhlengleichnis zeigen lässt, in dem der Mensch gewalttätig und zu seinem Besten ans Licht gezerrt werden muss. Nietzsche bricht jedoch mit der einfachen Hierarchie von Lehrer und Schüler. Von diesem pädagogischen Problem aus soll in der folgenden Gedankenskizze die Frage gestellt werden, was es heißen kann, Nietzsche zu verstehen.

Wer – selbst in der hier gebotenen Kürze – auf Nietzsches Wahrheitsbegriff eingehen will, der kommt um den „Tod Gottes"[3] nicht herum, den er als neue Grundbedingung in die Erkenntnis einführte. Wähnte der Mensch vor diesem noch, mit dem Glauben oder der Vernunft an der Sphäre der göttlichen Wahrheit teilzuhaben, steht nach ihm das Eingeständnis von Gott als menschlicher Erfindung, mit der er sich selbst einen Halt versprach. Es ist wichtig, zu beachten, dass nicht der faktische Tod einer bis dahin unbeschwert lebenden Gottheit diagnostiziert wird, sondern ein Glaubensverlust: Der Glaube an die Einsicht in einen absoluten Maßstab, den auch die absolute Vernunft darstellte, hinterfragt und zerstört sich selbst. Hierdurch erkennt der Mensch, inwiefern das Wissen, das er auf absolut geglaubte Instanzen zurückführte, aus ihm selbst stammt. Das mit dem „Tod Gottes" als endlich erkannte Wissen zeigt sich als Ergebnis einer schöpferischen Perspektivität: Aus einem bestimmten Blickwinkel wird als wahr interpretiert, was aus einem anderen als falsch erscheint, ohne dass eine unabhängige Instanz herangezogen werden kann, um zwischen den streitenden Perspektiven zu entscheiden. Interpretation ist Nietzsche dabei ein „Vergewaltigen, Zurechtschieben, Abkürzen, Weglassen, Ausstopfen".[4] Auf diese gewaltsame Aneignung verzichtet er selbst keineswegs, sondern bedient sich ihrer in seinem Denken bewusst. Auch die Vernunft, der traditionell höhere Weihen zugesprochen wurden, erscheint als Werkzeug, das nur für Oberflächenarbeiten am Weltmaterial taugt: „Werkzeug deines Leibes ist auch deine kleine Vernunft, [...] die du ‚Geist' nennst, ein kleines Werk- und Spielzeug deiner grossen Vernunft".[5] Die Vernunft kann dem menschlichen Fragen somit nur provisorische Lösungen anbieten.

Wenn Nietzsche sich unter diesen Paradigmen dennoch als Lehrer anbietet, so gesteht er seinem Schüler – und das heißt hier: dem Leser – zu, dass dieser sich gewaltsam an seine Texte begibt und sie von seiner Perspektive her auslegt. Er fordert ein, dass man dort in seine Gedanken eingreift, wo ihm sein eigenes

---

3 Siehe hierzu die Passage vom „tollen Menschen" in *Die fröhliche Wissenschaft* (KSA 3, 480; FW 125.).

4 KSA 5, 400; *Zur Genealogie der Moral* 3, 24.

5 KSA 4, 39; *Also sprach Zarathustra*: Von den Verächtern des Leibes.

perspektivisches Verständnis nicht ersichtlich ist. Wer ihn verstehen will, muss ihn somit widerlegen: „Man vergilt einem Lehrer schlecht, wenn man immer nur der Schüler bleibt. Und warum wollt ihr nicht an meinem Kranze rupfen?“[6] Damit scheint er sich für einen Angriff zu öffnen, den schon Plato als Paradoxon gegen die Sophisten und insbesondere Protagoras in Stellung gebracht hat. Im Dialog *Theaitetos* stößt sich Sokrates an der „Homo-Mensura-These“, die besagte, dass der Mensch als das Maß aller Dinge gelten soll. Er fragt, wie jemand, der als Lehrer fungiert, ernsthaft behaupten könne, dass „jeder Mensch das Maß seiner eigenen Weisheit ist“.[7] Ein Lehrer, der seinem Schüler beibrächte, dass dieser selbst über sein Wissen urteilen könne, mache sich demnach überflüssig. Dieser Angriff kann gelten, solange man ein Wahrheitsverständnis voraussetzt, in dem Wissen als unabhängig von Perspektiven – und somit von Erkenntnis – dargestellt wird. In diesem Fall besteht die Möglichkeit, sich der Wahrheit zu nähern oder sich von ihr zu entfernen. Wenn aber der absolute Wahrheitsbegriff mit dem „Tod Gottes“ tatsächlich suspendiert wurde, dann kann man sein eigenes Wissen nicht als übereinstimmend mit einer unabhängigen Wahrheit darstellen. Es wäre ja hierfür ein unabhängiger Standpunkt nötig, von dem aus die eigene Meinung mit der Wahrheit verglichen werden könnte. Derjenige, der meint, eine absolute Wahrheit zu postulieren, verfügt über dieselben „beschränkten“ Erkenntnismöglichkeiten wie derjenige, der eine solche negiert.

Was aber bleibt der Erkenntnis, wenn sie nicht mehr für sich in Anspruch nehmen will, unfehlbar zu sein? Wird nicht mit Nietzsche alles Wissen zur bloßen Meinung? Der Relativismusvorwurf – denn dieser steht hinter einem derartigen Angriff auch auf Nietzsches Denken – trifft keinesfalls zu. Wenn der Glaube an eine absolute Wahrheit mit dem „Tod Gottes“ abtritt, bleibt dennoch der Kampf der unterschiedlichen Perspektiven mit- und gegeneinander. Wahrheit entsteht in diesem kriegerischen Prozess der Aneignung und Abstoßung von Positionen und steht dem Einzelnen nicht willkürlich zur Verfügung: „Einer hat immer Unrecht: aber mit Zweien beginnt die Wahrheit. – Einer kann sich nicht beweisen: aber Zweie kann man bereits nicht widerlegen“.[8] Um etwas für wahr oder falsch zu halten, bedarf es einer Gemeinschaft, die es für wahr oder falsch hält. Demnach gibt es zwar deutlich bellizistische Elemente der Erkenntnis, die

---

[6] KSA 4, 101; *Also sprach Zarathustra*: Von der schenkenden Tugend 3. Er setzt fort: „Ihr verehrt mich; aber wie, wenn eure Verehrung eines Tages umfällt? Hütet euch, dass euch nicht eine Bildsäule erschlage! Ihr sagt, ihr glaubt an Zarathustra? Aber was liegt an Zarathustra! Ihr seid meine Gläubigen: aber was liegt an allen Gläubigen!“ (Vgl. *Ecce Homo,* KSA 6, 260f.).

[7] Platon: *Theaitetos*, 161 d-e.

[8] KSA 3; *Die fröhliche Wissenschaft* 260.

der Mensch sich und seinen Mitmenschen abringen muss, aber auch einen Konsens über das, was in der jeweiligen Gemeinschaft als wahr definiert wird. Deswegen kann der Einzelne sich nicht frei seine eigene Wahrheit zurechtlegen, sondern ist auf seine Opponenten angewiesen.

Nietzsche gesteht sich ein, über eigene blinde Erkenntnisflecke zu verfügen, die durch seine geschichtliche Herkunft geprägt sind und ist im Sinne der kämpferischen Erkenntnis auf die idealisierte Feindschaft, auf den Widerspruch seiner Leserschaft angewiesen. Dabei wird deutlich, dass es *die* Nietzsche-Interpretation nicht geben kann, sondern immer nur eine, die sich gegen eine Vielzahl von anderen durchsetzen muss und selbst zahlreiche Voraussetzungen beherbergt, die demjenigen, der sie vorbringt, nicht durchsichtig sind. Auch hier findet das Wissen kein Ende und muss kontinuierlich erneuert werden. Wenn wir Nietzsche verstehen wollen, so verlangt er von uns als seiner Nachwelt, seine Gedanken – oder das was wir für diese halten – immer wieder vom Sockel zu stürzen. Und dies bedeutet nichts Anderes, als unter den Voraussetzungen gegenwärtiger (Miss-)Verständnisse in der Auseinandersetzung zu immer neuen Interpretationen zu finden. Dies mag unbefriedigend erscheinen, weil auch in der „Korrektur“ eines jeden Vorgängers keine höhere Stufe der Wahrheit erreicht werden kann, stellt aber zunächst das Maximum dessen dar, was unter den neuen Paradigmen der Erkenntnis möglich ist. Nietzsches großer Kontrahent Sokrates, mit dem er vieles gemein hatte, zielte mit seinen peinlichen Befragungen darauf ab, den Menschen von falscher Meinung zu befreien. Im Gegensatz zu diesem stellt Nietzsche jedoch die eigene Methode und Denkhaltung nicht als unantastbar dar, sondern führt das Fragen von dort aus weiter, wo sein Vorgänger keine Probleme mehr gesehen hat: „Die Grenzen der Vernunft begreifen – das erst ist wahrhaft Philosophie“.[9]

---

[9] KSA 6, 238f.; *Der Antichrist* 55.

Claudia Brändle, Ellhofen

Nietzsches Übermensch

Nietzsche war ein Mensch der die Extreme liebte und das Mittelmaß verabscheute. Eine Eigenschaft die sicher vielen Menschen seiner Zeit beängstigend vorkam und auch heute noch die Meinungen der Menschen über ihn beeinflusst. Auch in seiner Konzeption des Übermenschen, einer der umstrittensten Überlegungen Nietzsches, wird dieser Hang zu den Extremen deutlich. Der Übermensch, so wie er in Nietzsches „Also sprach Zarathustra" dargestellt wird, ist der Sinn und das Ziel des Menschen; er ist das, was an die Stelle des toten Gottes tritt. Der Mensch ist eine Brücke, ein Brücke zwischen Tier und Übermensch und er muss zugunsten des Übermenschen zugrunde gehen. Einige deuten den Übermenschen als eine evolutionäre Entwicklung, verknüpfen Nietzsches Überlegung mit dem Darwinismus und sehen im Übermenschen ein Wesen auf einer höheren Entwicklungsstufe, als die, auf der sich die Menschen befinden. Diese darwinistische Deutung wurde dann auch im nationalsozialistischen Deutschland populär, man sah sich selbst als eine Rasse der Übermenschen an. Dies führte später zu harter Kritik an Nietzsche, doch dieser selbst hatte diese darwinistische Deutung und die daraus entstehenden Entwicklungen immer abgelehnt.

Für ihn kam die zweite Deutung wohl eher an seine eigenen Gedanken heran, nämlich die Deutung, dass es sich bei dem Übermenschen um ein individuelles Ziel des Menschen handelt, das Ziel eines Selbstfindungsprozesses. Eng verknüpft mit dem Wort „Übermensch" ist auch das Wort „Untergang". Wer zum Übermenschen werden will, muss untergehen, denn wer seine Werte, das was ihm heilig ist, zerstört, der zerstört auch einen großen Teil von sich selbst. Um das zu erreichen muss man an seine Extreme gehen, sich vom Mittelmaß befreien.

Dabei muss der Mensch ähnlich wie bei dem Gleichnis aus dem Zarathustra vom Kamel, Löwe und Kind, zunächst seine Werte bis zum letzten zu erfüllen versuchen, um sie dann zu zerstören. Am Ende muss er aus sich selbst heraus neue Werte erschaffen können, dann ist er über sich selbst hinausgewachsen zum Übermenschen geworden.

Eike Brock, Bonn

Mein Nietzsche ist *dein* Nietzsche, ist der *je meinige* Philosoph

Mein Nietzsche, das ist er tatsächlich, jener berühmt-berüchtigte Verkünder des Todes Gottes, der 1844 als Sohn eines *Pfarrers* in Röcken geboren wurde. Er ist *mein Nietzsche* in einem radikalen Sinne, denn mit Fug und Recht kann ich behaupten, dass er alle seine Bücher für mich geschrieben hat. So ist denn auch sein wohl bekanntestes Werk *Also sprach Zarathustra* eben mir gewidmet; es ist nämlich „ein Buch für Alle und Keinen“, und das bedeutet letztlich: ein Buch für den *je Einzelnen*. Wir sehen solchermaßen den Anklang des Exklusiven aufgebrochen; denn Nietzsche hat auch für Dich geschrieben; ist auch *Dein Nietzsche*, kurzum: Er ist der *je meinige* Philosoph. Was soll nun aber diese Rede bedeuten, von einem *je meinigen* Philosophen, der ein Buch für den *je Einzelnen* schreibt? Schlagen wir es also am Besten auf, jenes sonderbare Buch. Wir erfahren hier vom Auszug des Titelhelden ins Gebirge, wo er 10 Jahre seines Geistes und seiner Einsamkeit genießt, bis er eines Tages soviel Weisheit in sich angesammelt hat, dass er einem Gefäße gleich überzulaufen droht. Es drängt ihn, sich aus diesem Überfluss heraus mitzuteilen. Er will die Menschen im Tale – gleichsam in den Niederungen des Geistes – beschenken, indem er sie an seiner Weisheit teilhaben lässt und beginnt darum seinen Abstieg. „Incipit tragoedia“ – „Also begann Zarathustras Untergang“.

Und tatsächlich haben wir es hier mit einer – wenn auch nicht im ganz literaturwissenschaftlichen Sinne – Tragödie zu tun: Von einem Einzelnen hören wir, der daran scheitert, sich und seine Lehren anderen verständlich zu machen. So könnte man *in nuce* die im übrigen spärliche Handlung von Nietzsches philosophischer Dichtung zusammenfassen. Spärlich oder nicht, es bleibt doch eine Handlung, und gerade dieser Umstand macht das Buch zu einem Werk, das sich je an den einzelnen richtet. Alle Lehren, mit denen uns Nietzsche im *Zarathustra* konfrontiert – sei es die vom Übermenschen, vom Willen zur Macht oder von der ewigen Wiederkunft –, können aufgrund ihrer Einbettung in eine (Rahmen)Handlung genau genommen nicht als Lehren verstanden werden – wenigstens nicht als Lehren dem traditionellen Verständnisse nach. Eine solche „klassische“ Lehre beansprucht nämlich immer Allgemeingültigkeit für sich: Sie soll idealiter von allen Menschen auf gleiche Weise verstanden werden. Der je eigene Lebenshintergrund des Rezipienten spielt dabei keine Rolle – oder sollte es zumindest nicht. Eine Handlung indessen wird stets von uns gedeutet, und zwar gerade auf der Folie unserer eigenen Erfahrungen. Anders als bei der Lehre haben wir es hier mit einem individuellen Sinn zu tun, den wir der Handlung zuschreiben. Vermittels der Einkleidung der Lehren Zarathustras in ein poetisches Gewand erfolgt sonach eine Brechung des Allgemeinen durch das Individuelle: Das Leben hält gewissermaßen Einzug in die abstrakte Unwirklichkeit der Lehren. Was wir im Idealfall dank Zarathustras Reden zu verstehen lernen, sind sonach nicht irgendwelche Sachverhalte, sondern wir selbst. Sich Selbst verstehen zu lernen, und das bedeutet ja die Bedingung der Möglichkeit, überhaupt erst zu einem eigentlichen Selbst werden zu können, ist freilich eines der Hauptanliegen des unheiligen Propheten. Zu werden, wer man ist, das fordert Nietzsche von sich und seinen Lesern und das spricht sich auch im existenziellen Imperativ des *amor fati* aus, der Liebe zum Schicksal, welches je das eigene ist. So ist es nur konsequent, wenn Zarathustra, bezeichnenderweise an einem Kreuzweg, seine Begleiter, die sich selbst seine Jünger nennen, fortschickt. Jünger und Gläubige, gerade das sollen sie nicht sein: „Ihr sagt, ihr glaubt an Zarathustra? Aber was liegt an Zarathustra! Ihr seid meine Gläubigen: aber was liegt an allen Gläubigen! Ihr hattet euch noch nicht gesucht: da fandet ihr mich. So thun alle Gläubigen; darum ist es so wenig mit allem Glauben" (Z, KSA IV, 101).

Gewiss, es ist ein schwieriges Unterfangen, sich selbst zu finden, und zudem ein solches, das niemand dem anderen abnehmen kann. Wer andere nach dem eigenen Weg fragt, wer also nach einer allgemeingültigen Lehre verlangt, wie das Leben zu leben sei, nach einem Patentrezept gleichsam, der befindet sich bereits auf einem Irrweg. Also spricht Zarathustra: „Und ungern nur fragte ich stets nach Wegen – das ging immer gegen den Geschmack. Lieber fragte und versuchte ich die Wege selber E ‚Das nun ist *mein* Weg – wo ist der eure?', so antwortete ich denen, welche mich ‚nach dem Wege' fragten. *Den* Weg nämlich – den giebt es nicht" (ebd., 245). Allein, *seinen* Weg zu finden bedeutet zu sich selbst zu finden und dies ist nur möglich, wenn wir uns allererst überhaupt suchen. Immer wieder versucht uns Nietzsche zu solchem Suchen. Seine Philosophie weiß sich der antiken Tradition verpflichtet, insofern sie ganz im Signum des delphischen *gnothi seauton* steht. Es ist die Aufgabe eines jeden Einzelnen, sich selbst zu erkennen und immer wieder zu seinem eigenen Leben Stellung zu beziehen, unzählige Male: „Wie, wenn dir eines Tages oder Nachts, ein Dämon in die einsamste Einsamkeit nachschliche und sagte: ‚Dieses Leben, wie du es jetzt lebst und gelebt hast, wirst du noch unzählige Male leben müssen; und es wird nichts neues daran sein'..." (FW, KSA III, 570).

Diese Frage ist eine Frage, der, so wie der Dämon sie stellt – als ein Gedankenexperiment –, niemand ausweichen kann. Sie richtet sich an den je Einzelnen und konfrontiert ihn unnachgiebig mit seinem eigenen Leben; wirft ihn aus dem Aufgehen in der Betriebsamkeit des Alltäglichen radikal auf sich selbst zurück.

Es ist dies eine Frage, die sich letztlich nur in der Praxis beantworten lässt. Sich

„selber und dem Leben gut werden“ müsste man, um die ewige Wiederkunft des Gleichen, welche sich hinter den Worten des Dämons verbirgt, nicht nur ertragen, sondern sogar emphatisch bejahen zu können. Jede Handlung, die der Gefragte fortan begeht, gewinnt auf eine nachgerade ungeheuerliche Art und Weise an Bedeutung, weil man sie ad infinitum wieder und wieder vollführen wird. Jede Handlung jedoch wirkt mit an der Konstruktion des Selbst. Die Frage des Dämons kann mithin als die existenzielle Frage schlechthin bezeichnet werden, denn sie fordert jeden Einzelnen dazu auf, sich selbst allererst wahrhaftig zu ergreifen und also wirklich ein Jemand zu werden, der gerade kein Jedermann ist. „Wer will ich eigentlich sein?“, das ist es doch, was hinter dem Gedankenexperiment des Dämons steht; das ist die eigentliche Bedeutung der nietzscheanisch interpretierten Hamlet- Frage: (Selbst)Sein oder Nichtsein?

So ist *mein* Nietzsche also *unser* Nietzsche, dadurch, dass er der *je meinige* ist. Die philosophischen Entdeckungsreisen auf das „offene Meer“ hinaus, auf die sich Nietzsche begibt, sind gefährliche Reisen – möglicherweise ohne Wiederkehr. Indessen sind es Reisen, die dem freigeistigen Leser, den Nietzsche ermuntert mitzufahren – „Auf die Schiffe ihr Philosophen“ –, die Chance bieten, am Ende in den heimischsten aller Häfen einzulaufen: das eigene Selbst.

Benjamin Brückner, Berlin

Nachwehen

Ein Nietzsche wird nie einfach sein,
der Geist durchfechtet dichte Netze,
steht dieser Mann zwar ganz allein,
doch schafft für Denker neue Plätze.
Was für die Menschen ewig scheint,
hat Zarathustra längst verneint,
auf seinem Berg von Predigt frei,
löst er sich vom Einerlei.
Das Gut und Schlecht in dieser Welt,
Friedrich kennt die andere Seite,
auf dass es mir niemand vergelt',
wenn ich gemeinsam mit ihm streite.
Ja, Strafe tut dem Menschen gut,
der sie selbst nicht tragen muss,
denn schön ist doch das reiche Blut,
das hinwegspült den Verdruss.
Schuldig ist, wer Schulden hat,
Gewissen drückt die Seele matt,
der Sinn der Sinne ist dahin,
dahin ist jeder Sinnessinn.
Aus dem Finstern vorgedrungen,
zum „Hinter die Kulissen blicken“,
dem Übermenschen ist's gelungen,
sich nicht länger anzuschicken.
Doch verlor er eine Menge,
auf Kosten seiner ganzen Strenge,

die Hand zum Sanften hinzureichen,
lässt er sich nun nicht mehr erweichen.
Oh wie arm ist dieses Wesen,
nicht an Geiste und Kultur,
überragend kann es Lesen,
und fordert sich das Beste nur.
Er glaubt nicht mehr und weiß es schon,
die Binsenweisheit für die Klugen,
Undank ist der Welten Lohn,
er sickert durch die groben Fugen.
Die Illusion scheint überwunden,
vorbei sind die Verzweiflungsrunden,
er wird sein eigener Mannesmann,
der sich selbst nicht lieben kann.

Berlin, den 19. Juni 2008

Tabea Cornel, Neustetten

Ein Brief

Sehr geehrter Herr Nietzsche,

ohne es wagen zu wollen, Ihre gedanklichen und literarischen Fähigkeiten in Frage zu stellen, sehe ich mich dazu verpflichtet, kleine Ohren auf einige begriffliche Unzulänglichkeiten in Ihren Schriften aufmerksam zu machen.

Was Sie als „bewaffnete[n] Friede[n]" bezeichnen, nennen wir heute eine Gesellschaft mit freiheitlich demokratischer Grundordnung. Solche Gesellschaften greifen – wie von Ihnen korrekt angemerkt wurde – nicht an, um „Jemandem wehe zu thun, ihn zu besiegen", sondern um unterdrückten Völkern Freiheit und Demokratie zu bringen. Nicht etwa – wie es bei Ihnen heißt – um sich ihrer „Kraft bewusst zu werden".

Wichtiges Kennzeichen dieser Gesellschaften ist mittlerweile, dass alle grundrechtlich geschützten Bereiche irgendwo enden und es Sache des Gesetzgebers ist, diese Grenzen zu definieren und die gegensätzlichen Interessen abzugrenzen. Sie erhalten also sehr gerne die Erlaubnis, „sich der Politik zu enthalten". Sie können sich ungehindert anderen Themen zuwenden und brauchen keinerlei Angst zu haben, dass ein „kriegerische[r] Mensch" über Sie herfällt. Es ist die Aufgabe der Innenpolitik, für die Sicherheit der Menschen zu sorgen. Somit werden Sie an allen Orten fürsorglich beschirmt und entgehen jeglichen Verbrechen sowie der drohenden Terrorgefahr. Wir nennen diesen Umstand Sicherheit und nicht das Verdächtigen von „Menschen, welche man nicht leiden kann" – Ihrer Auffassung nach wäre ja ein ganzes Volk verdächtig.

Auch möchte ich Sie bitten, von der Bezeichnung „Irrsinn" in Bezug auf Gruppen, Parteien, Völker und Zeiten abzusehen. Dieses Phänomen wird heutzutage als kollektive Intelligenz bezeichnet und durch die Errungenschaften des Internets wie nie zuvor koordiniert und in hohem Grade nutzbar gemacht. Die Erfolge, welche durch derartige Vernetzungen erreicht werden können, sind nicht zu übersehen. Selbiges gilt natürlich für die verschiedensten Formen der Sozialen Software wie beispielsweise Internetforen, Weblogs oder Plattformen, welche Möglichkeiten zur Selbstdarstellung und Kommunikation bieten. Ich bedaure, Ihnen mitteilen zu müssen, dass Ihre Furcht vor der „feindselige[n] Stimmung des Nächsten", der hinter Ihre „Heimlichkeiten" kommen könne, nicht mehr zeitgemäß ist. Sämtliche Informationen, welche über Sie gesammelt werden, dienen Ihrem Vorteil – sei es in Form der frühzeitigen Erkennung potentieller Attentäter, der Überführung von Straftaten oder um Ihnen spezielle Produkte und maßgeschneiderte Dienste anzubieten.

Diese Punkte seien lediglich angeführt, um Ihre und Ihrer Gedanken Aktualität zu wahren. Selbstverständlich versteckt sich hinter dem geänderten Terminus nach wie vor derselbe Inhalt, worüber Sie – könnte dieser Brief Sie jemals erreichen – sicher nicht minder betrübt wären als ich es bin.

Hochachtungsvoll

Tabea Cornel

Quellen:

„Sich wehrlos machen, während man der Wehrhafteste war, aus einer Höhe der Empfindung heraus, – das ist das Mittel zum wirklichen Frieden, welcher immer auf einem Frieden der Gesinnung ruhen muss: während der sogenannte bewaffnete Friede, wie er jetzt in allen Ländern einhergeht, der Unfriede der Gesinnung ist.“ (Menschliches, Allzumenschliches, Zweiter Teil)

„Man greift nicht nur an, um Jemandem wehe zu thun, ihn zu besiegen, sondern vielleicht auch nur, um sich seiner Kraft bewusst zu werden.“ (Menschliches, Allzumenschliches, Erster Teil)

„Zuerst nämlich muss es Einigen mehr als je, erlaubt sein, sich der Politik zu enthalten und ein Wenig bei Seite zu treten: dazu treibt auch sie die Lust an der Selbstbestimmung, und auch ein kleiner Stolz mag damit verbunden sein, zu schweigen, wenn zu viele oder überhaupt nur Viele reden.“ (Menschliches, Allzumenschliches, Erster Teil)

„Unter friedlichen Umständen fällt der kriegerische Mensch über sich selber her.“ (Götzendämmerung)

„Menschen, welche man nicht leiden kann, sucht man sich zu verdächtigen.“ (Menschliches, Allzumenschliches, Erster Teil)

„Der Irrsinn ist bei Einzelnen etwas seltenes – aber bei Gruppen, Parteien, Völkern, Zeiten die Regel.“ (Götzendämmerung)

„Wir fürchten die feindselige Stimmung des Nächsten, weil wir befürchten, dass er durch diese Stimmung hinter unsere Heimlichkeiten kommt.“ (Menschliches, Allzumenschliches, Erster Teil)

„Die Ironie ist nur als pädagogisches Mittel am Platze, von seiten eines Lehrers im Verkehr mit Schülern irgend welcher Art: ihr Zweck ist Demüthigung, Beschämung, aber von jener heilsamen Art, welche gute Vorsätze erwachen lässt und Dem, welcher uns so behandelte, Verehrung, Dankbarkeit als einem Arzte entgegenbringen heisst. Der Ironische stellt sich unwissend und zwar so gut, dass die sich mit ihm unterredenden Schüler, getäuscht sind und in ihrem guten Glauben an ihr eigenes Besserwissen dreist werden und sich Blössen aller Art geben; sie verlieren die Behutsamkeit und zeigen sich, wie sie sind, – bis in einem Augenblick die Leuchte, die sie dem Lehrer in's Gesicht hielten, ihre Strahlen sehr demüthigend auf sie selbst zurückfallen lässt. (...) Die Gewöhnung an Ironie, ebenso wie die an Sarkasmus, verdirbt übrigens den Charakter, sie verleiht allmählich die Eigenschaft einer schadenfrohen Ueberlegenheit: man ist zuletzt einem bissigen Hunde gleich, der noch das Lachen gelernt hat, ausser dem Beissen.“ (Menschliches, Allzumenschliches, Erster Teil)

Ariane Dony, Gaggenau

Auf dem Stuhl
oder
Wie Nietzsche die Hoffnung sah

Es war einmal ein kleines Mädchen. Das hatte weder Vater noch Mutter. Aber es hatte einen großen starken Bruder der auf es aufpasste. Dieser Bruder kochte, putzte, wusch und las dem Mädchen an jedem Abend eine Einschlafgeschichte vor. Das Mädchen konnte es sich nicht vorstellen, ohne ihren geliebten Bruder zu leben. Wer sonst sollte auf es aufpassen, es trösten wenn es in der Nacht Angst hatte? Wer sonst sollte es beschützen vor den anderen Kindern im Dorf?

Das Mädchen wurde oft gehänselt, weil es mager war und noch nicht so weit entwickelt wie die anderen Mädchen. Aber ihr Bruder hielt immer zu ihr, zeigte den anderen Kindern seine Fäuste. Das Mädchen ging mit allen Problemen zum Bruder. Kein anderer konnte es so gut verstehen wie er.

Doch eines Tages verliebte sich das Mädchen in einen Jungen. Er war neu in der Schule, stand plötzlich verloren im Pausenhof. Auf Anhieb fühlte sich das Mädchen für ihn verantwortlich, es fühlte seine Schwäche, seine Verlorenheit, wie es die eigene Schwäche fühlte. Es reichte ihm die Hand und nahm ihn mit nach Hause.

Der Bruder richtete feindselig seine Augen auf den Jungen, der auf einmal in seiner Hütte stand. „Was willst du? Du hast hier nichts verloren! Hau´ ab!“ Das Mädchen starrte fassungslos ihren Bruder an. Sie konnte nicht begreifen was geschah. Der Junge ließ ihre Hand los und rannte hinaus ins Freie.

Das Mädchen trommelte mit ihren Fäusten auf den Bruder ein. „Wie kannst du mir das antun? Ich hasse dich!“

Am nächsten Morgen war der Bruder verschwunden. Er ließ alles zurück.

Von nun ab saß das Mädchen jeden Tag auf dem alten Stuhl vor der Hütte. Es schaute auf den Weg und hoffte. Tag für Tag hoffte es, dass ihr Bruder über die Kuppe kam und zu ihr zurückkehrte.

Aus dem Mädchen wurde eine Frau. Ihr Körper veränderte sich. Aus dem kindlichen Körper wurde ein weiblicher, ein schöner Körper.

Die Männer des Dorfes waren anfangs interessiert. Jeden Tag stand ein anderer da und kämpfte um ihre Gunst. Die Frau würdigte die Männer keines Blickes.

Am Abend saß sie auf ihrem Stuhl, die Männer verloren ihr Interesse. Aus dem vollen schwarzen Haar wurde lichtes graues Haar, die glatte, frische Haut wurde alt und faltig.

Auf dem Stuhl sitzend und hoffend zerrann das Leben.

Manfred Johann Dörr, München

Wagnis Nietzsche

Einst lag ich in sichrem Hafen,
wo ich fest verankert war,
friedvoll, ohne offne Fragen
und vor Zweifel gut verwahrt.

Diese Zeit ging jäh vorüber.
Sturm warf mich auf′s kalte Meer.
Und mein kleines Schiff quoll über,
nah dem Untergang – so schwer.

Dort war ich zurückgelassen,
irgendwo auf offner See.
Worauf konnt′ ich mich verlassen?
Nichts, egal wohin ich seh′.

Vor Erschöpfung sank ich nieder,
träumte tief bis auf den Grund,
fand mich in der Wüste wieder.
Trocken waren Aug′ und Mund.

Hier geboten Glut und Hitze,
bis erlösend Regen fiel.
Leben kroch aus jeder Ritze,
spross und wuchs mit einem Ziel.

Ich erwach´ aus tiefen Träumen,
seh die Welt in neuem Licht.
Was mir vorher wüste Räume,
offenbart als Reichtum sich.

Und jetzt komm ich wieder zu dir,
näher noch als je zuvor.
Und du bist noch mehr vertraut mir,
Hafen, den ich einst verlor.

Mein Dank gilt Christoph Regner für seine Unterstützung".
(Ihm wollte er später einen Band schenken).

Dieter Eberwein, Schauenburg

Mein Nietzsche. Eine Spurensuche

„SCHREIBKUGEL IST EIN DING GLEICH MIR: VON EISEN
UND DOCH LEICHT ZU VERDREHN ZUMAL AUF REISEN.
GEDULD UND TAKT MUSS REICHLICH MAN BESITZEN
UND FEINE FINGERCHEN UNS ZU BENUETZEN.“ (Friedrich Nietzsche)

Mit dem Kopf weit über die Malling-Hansen-Schreibkugel gebeugt, tippe ich Nietzsches inzwischen berühmtes Schreibmaschinengedicht sehr langsam mit zwei Fingern auf ein vergilbtes Blatt Papier im Kleinoktavformat. Jeder Tastendruck löst einen schwach hörbaren Aufschlag der verdeckt angeordneten Typen aus. Gefolgt von einem hellen, tickenden Geräusch, gleitet der Papierwagen um eine Buchstabenbreite weiter. Im Gegensatz zu konventionellen Schreibmaschinen wirkt das uhrengleiche Ticken dieser ersten in Serie hergestellten Schreibmaschine beruhigend. Die Geräuschkulisse gleicht einer alten Standuhr, die in Verbindung mit Kerzenlicht eine gemütliche Atmosphäre schafft. Das Geschriebene bleibt zunächst unsichtbar unter der Schreibkugel verborgen, so dass selbst die Gedanken durch nichts gestört werden. Ein Glockenzeichen signalisiert letztlich das nahende Zeilenende und fordert zum Zeilenwechsel auf.

Konnte das Bisherige noch mit „feinen Fingerchen“ getippt werden, verlangt nun die Zeilenschaltung einen Tastendruck von ca. 1 Kilogramm, den Nietzsche in diversen Typoskripten nicht aufbringt.[1] Dies hat zur Folge, dass einige Zeilen nicht wie gewünscht am linken Rand, sondern etwas eingerückt anfangen. Geplagt von starken Kopfschmerzen muss es für den „Siebenachtel-Blinden“ Nietzsche schwierig gewesen sein, die Buchstaben auf der Halbkugel überhaupt zu finden. In einem Brief an Heinrich Köselitz, vom 24. Februar 1882, fragt Nietzsche: „WANN WERDE ICH ES UEBER MEINE FINGER BRINGEN; EINEN LANGEN SATZ ZU DRUCKEN!“[2] Die Zeilen laufen nicht wie gewünscht, es gibt doppelte bzw. auch fehlende Buchstaben, die im Schriftbild

---

[1] Dieter Eberwein: Nietzsches Schreibkugel, Typoskript-Verlag, Schauenburg 2005, S. 73 ff.

[2] KGB III/1, S. 172.

stören.[3] Alle Typoskripte müssen deshalb vom Autor mit Feder und Tinte korrigiert werden. Die reparaturbedürftige „SCHREIBMASCHINE IST ZUNAECHST ANGREIFENDER ALS IRGENDWELCHES SCHREIBEN“[4] und die Hoffnung schwindet mit jeder weiteren Zeile, bis Nietzsche das Experiment „SCHREIBMASCHINE“ bereits nach 6 Wochen am 24. März 1882 enttäuscht beendet. *„Die Schreibmaschine verweigert seit vorgestern den Dienst; ganz rätselhaft! Alles in Ordnung! aber kein Buchstabe ist zu erkennen.“*[5]

Was ist hier passiert?

In der Literatur ist über Nietzsches Schreibmaschinenzeit Unterschiedliches und z. T. sogar Widersprüchliches zu lesen. Nicht nur das technische Versagen der Schreibmaschine wird thematisiert, man streitet sogar darüber, ob Nietzsche selbst das Schreibmaschinengedicht verfasst hat oder, ob es sein damaliger Arzt, Dr. Breiting aus Basel, war. Der „Meister der kurzen Sätze“ erlaubt es, ausgelegt bzw. interpretiert zu werden. Doch nichts verschwindet spurlos in der Vergangenheit. Die abgedruckten Buchstaben in Nietzsches Typoskripten warteten schon seit vielen Jahren auf eine Entschlüsselung.

Nach der erfolgreichen Restauration von Nietzsches Schreibkugel im Jahr 2003 bekam ich die einmalige Gelegenheit tiefer in Nietzsches Schreibmaschinenzeit einzutauchen. Ich begann alle seine Typoskripte kriminalistisch zu untersuchen, um die festgestellten Nutzungs- und Reparaturspuren an der Schreibkugel im Schriftbild der Typoskripte wieder zu finden. Bereits nach der ersten Durchsicht konnte ich erkennen, dass hier etwas nicht stimmte. Wie war es möglich, dass auf einer Seite ein technischer Schreibmaschinenfehler im Schriftbild erkennbar ist, auf der Folgeseite ganz verschwindet, um auf der nächsten Seite wieder aufzutauchen? Nein, hier stimmte die Chronologie nicht. Aber kann man anhand dieser Indizien maschinengeschriebene Texte chronologisch ordnen? Nein, das reicht leider nicht aus. Es hilft lediglich Gruppen zu bilden, z.B.: vor der Reparatur und nach der Reparatur. Eine genaue chronologische Ordnung war

---

3 Wenn eine Taste zu schwach angeschlagen wurde, konnte der jeweilige Buchstabe zwar abgedruckt werden, aber ohne eine Auslösung für den Weitertransport des Papierträgers. Der nächste Buchstabe druckte sich somit auf den Ersten.

4 Brief an Franziska und Elisabeth Nietzsche in Naumburg, Nr.: 203, KGB III/1, S. 173.

5 Brief an Paul Rée in Rom, Nr. 216, KGB III/1, S. 186f.

aber mein Ziel, denn damit könnten alle Blätter von Nietzsches ersten „Fingerübungen" bis zum Versagen der Maschine geordnet und z. B. auch die Frage nach der Autorschaft des Schreibmaschinengedichtes beantwortet werden. Kein kriminologisches Institut konnte hier weiterhelfen, kein Buch in dem etwas über den bekannten Schriftenvergleich hinaus erforscht wurde.

Jetzt durfte ich Nietzsche mikroskopisch nah kommen und eine interessante Entdeckung machen. Im stark vergrößerten Schriftbild ließen sich plötzlich keine Buchstaben mehr erkennen, sondern nur noch faserige Punkte und Striche. Was wir als Buchstaben wahrnehmen, sind ja bloße Abdrücke des Farbbandgewebes. Das höchst unterschiedliche Gewebemuster zeigte sich erwartungsgemäß auch im getippten Folgebuchstaben jedoch um den Farbbandvorschub versetzt. Da aber mit zunehmender Farbbandrolle das Farbbandgewebe immer schneller am Anschlagpunkt vorbei zieht, ändert sich auch der messbare Farbbandvorschub im Typoskript. Jedes Blatt hat damit ein fortlaufendes, unterschiedliches Merkmal, das es erlaubt, alle Typoskripte chronologisch zu ordnen und aufgrund einzelner datierter Briefe auch zeitlich einzuordnen.

Nietzsches erste Fingerübungen wurden plötzlich auf den Rückseiten seiner „500 Aufschriften"[6] erkennbar: Interessanterweise handelt es sich hierbei um den Vers: „LEG ICH MICH AUS SO LEG ICH MICH HINEIN SO MOEG EIN FREUND MEIN INTERPRETE SEIN …"[7], den Nietzsche in den ersten Tagen mehrfach wiederholt. Zu dieser Zeit fällt besonders die Schreibweise der Umlaute auf. Nietzsche tippt am Anfang noch UE, einen Monat später ein U, auf das er die Punkte mit der Feder ergänzt und zuletzt das Ü, wie es auf der Schreibmaschine vorgesehen ist.

Die vermeintlich anonyme Maschinenschrift gab neben der chronologischen Ordnung aber noch mehr Preis. Es wurde möglich, Nietzsches individuelle Anschlagskraft zu messen, die Schreibgeschwindigkeit sowie den Übungseffekt herauszulösen und damit die Schreibleistung darzustellen. Jetzt konnte ich meine wichtigste Frage angehen: Hat Nietzsche das Schreibmaschinengedicht verfasst oder war es sein damaliger Arzt, Dr. Breiting?

Die Antwort auf diese spannende Frage ließ überraschenderweise nicht lange auf sich warten.

Neben der ermittelten Chronologie und der zeitlichen Einordnung der Typoskripte konnte die Autorschaft des Schreibmaschinengedichtes auch mithilfe der individuellen Anschlagskraftmethode eindeutig nachgewiesen werden. Der sog. „Nietzsche-Forschungsstreit" wurde damit aufgelöst und Nietzsche als

---

6 Goethe- und Schiller-Archiv. Weimar, GSA 71/234 Mp. 3.

7 Dieter Eberwein: Nietzsches Schreibkugel, Typoskript-Verlag, Schauenburg 2005, S. 89 ff.

Autor des Schreibmaschinengedichtes bestätigt. Nietzsche tippte das Schreibmaschinengedicht am 16.02.1882, ein Jahr bevor er Dr. Breiting kennen lernte.

Die Typoskript-Untersuchungen lieferten in Verbindung mit den Erkenntnissen aus der Restauration der Schreibkugel interessante und zudem verifizierbare Ergebnisse. Meine Spurensuche war damit aber noch nicht beendet, denn durch die chronologische Ordnung der Typoskripte ergaben sich neue Fragen, die mich immer tiefer in Nietzsches Schreibmaschinenzeit eintauchen ließen.

Herbert Eichhorn, Weisslingen/Schweiz

Friedrich Nietzsche - Seine Botschaft. Eine Betrachtung.

Nietzsche ein Philosoph - nein, das wollte er nicht sein. Vielleicht ein Denker – das schon eher.

Und Vermittler von Wahrheiten, von Wissen oder sogar Weisheiten? Auch das entsprach nicht seinem Naturell.

Was Nietzsche von Philosophen unterscheidet, ist, dass er keine Wahrheiten, keine Theorien, keine neuen Weltanschauungen seinem Publikum zuträgt. Der Mensch steht für sich, ist Maßstab ganz im Sinne der alten Naturphilosophen, Teil und Universum, selbst Religion, selbst Partei – sich selbst verantwortlich.

Nietzsche spannt den Bogen weit aus der frühen Antike von Heraklit bis in das Zeitalter einer neuen und doch ursprünglichen Sicht der Dinge, überspringend die Ideen von Platon und Aristoteles und ihre Entwicklungen. Er öffnet den Spalt zu einer Sicht, welche weit über die Ausführungen eines Heidegger und anderer hinausreichen, und heute nur erst erahnt werden kann.

Minutiös werden alte Denkschemata demontiert, ohne jedoch im Rausche einer blinden Zerstörungswut alles Hergebrachte zu vernichten, sondern um die Absurdität wahllos übernommener Denkweisen vor Augen zu führen, und den Blick des Betrachters zu kritischem Hintersinnen zu schärfen.

Ähnlich steht es mit unseren Wertesystemen, welche sich über Jahrhunderte eingeschliffen haben, ohne ernsthaft hinterfragt worden zu sein. Hier setzt Nietzsche sein Seziermesser an, weit bevor unser Zeitalter dies über den Weg der Globalisierung und das Aufeinanderprallen der unterschiedlichsten Kulturen nun auch tut, und kommt zu DER entscheidenden und zentrale Frage, welche sich durch seine Werke wie ein roter Faden zieht: Gibt es absolute ewige Werte ?

Hier scheiden sich die Geister. Ein Ja verlangt nach Glauben, ein Nein nach dem Gottlosen.

Nietzsches Credo des Subjektiven, die Verneinung von Objektivität oder sogenannter Wahrheit, die Absage an Qualitäten mag für heutige Ohren zwar zukunftsweisend tönen, für seine Zeit war dies aber revolutionär – so revolutionär, dass ihn kaum jemand wirklich verstand.

Und dennoch erinnert man sich wieder an Protagoras und seinen Ausspruch, dass der Mensch das Maß aller Dinge sei, und man fragt sich, wie

es möglich war, dass zweitausend Jahre vergehen mussten, bis beginnend mit dem Humanismus die Vorsokratik wieder sachte Einzug fand in unsere abendländische Denkweise.

Nietzsches Leistung ist es, uns dazu zu bringen, uns von bestehendem Balaste in Form von ethischen Zwängen, tradierten Wertesystemen oder vorgezeichneten Denkmustern zu entledigen und uns eine neue Sicht der Dinge zu eröffnen. Der Mensch steht im Zentrum. Er ist Sinnstifter, Creator. Und doch erlischt mit seinem Tode dieser Sinn und deren Wertigkeit.

Nietzsche trifft mit seiner Sichtweise den Geist der heutigen Zeit. Grundsätzlich findet das Leben hier und jetzt statt. Von einem Versuche ein Leben nach dem Tode oder in einem Jenseits zu suggerieren, wird Abstand genommen, ohne dies aber auch zu verneinen. Alles befindet sich in einem ständigen Prozesse des Werdens.

Wer absolute Antworten bei Nietzsche sucht, der sucht vergebens. Andere haben nach ihm versucht Fragen zu stellen und gerade auch schon Antworten zu geben. Die rechte Frage zu stellen, dies ist Nietzsches Anspruch. Und wenn jemand gesagt hätte, dass das Ziel des Menschen die Freiheit sei, er hätte wohl geantwortet: Wozu ?

Katja Ertl, Regensburg

Der 'Ecce homo' – eine Autobiographie?

A. Einführung in das Leben und Denken Friedrich Nietzsches

Friedrich Nietzsche – Philologe, Professor und Philosoph zugleich, aber vor allen Dingen ein vereinsamter Mensch, der umherirrend in der Schweiz, Italien, Frankreich und Deutschland zeitlebens nie das Publikum erreichte, das er immer wollte. In frühen Jahren wendet sich Nietzsche bereits von der Philologie, mit der er stets unzufrieden war, ab und will stattdessen Philosophie als Erziehung zu Größe lehren.

Seine autobiographische Schrift „Ecce Homo" entsteht in den Jahren 1888/89 kurz vor seinem geistigen Zusammenbruch und erscheint posthum 1908. Bedeutsam ist diese philosophische Selbstinterpretation vor allem durch den eingeschobenen Rückblick auf seine Werke. Auch mit seiner Selbstdarstellung anhand der provokanten Kapitelüberschriften wie „Warum ich so weise bin" verbreitet Nietzsche skeptisches Erstaunen. In „Ecce Homo" finden sich Bruchstücke seines Lebens, seines Denkens und seiner Person, die Nietzsche zu einer sehr außergewöhnlichen Selbstdarstellung arrangiert: ein zerbrochener Spiegel, in dem er doch sich selbst erkennt und sehen lassen will.

Inwieweit es sich bei „Ecce Homo" um eine typische Autobiographie handelt, werde ich im Folgenden untersuchen.

B. Friedrich Nietzsches „Ecce Homo" als ein autobiographisches Werk

Das Werk erscheint als ein durchkomponierter Text. Vor den vier Hauptabschnitten seiner Selbstdarstellung schreibt Nietzsche ein Vorwort, in dem er seine Motivation deutlich macht und das Hauptanliegen des Werkes schildert, und eine Präambel, die mit dem Satz „Und so erzähle ich mir mein Leben"[1] die Bühne für Nietzsches Selbstdarstellung eröffnet. Bereits hier wird klar, dass „Ecce Homo" eben kein chronologischer Lebensbericht ist. Stattdessen rückt Nietzsche mit den vier Hauptabschnitten „Warum ich so weise bin", „Warum ich so klug bin", „Warum ich so gute Bücher schreibe" und „Warum ich ein Schicksal bin" die Lebensumstände ins Bewusstsein, die ihm besonders

---

[1] Ecce Homo. Wie man wird, was man ist. In: Friedrich Nietzsche. Gesammelte Werke. Neu bearbeitet von Deninger, Wolfgang. Bindlach 2005. S. 1158.

geeignet erscheinen, um sein Selbstverständnis mitteilen zu können. Dabei lässt er stets seine Gedanken mit einfließen, die eigentlich auch die Hauptereignisse seines Lebens markieren.

1. Werkgeschichte statt Lebensgeschichte

Die Besonderheit des „Ecce Homo“ liegt darin, dass Nietzsche keine Lebensgeschichte erzählt, sondern einen Durchmarsch durch seine bedeutendsten Werke liefert. Nietzsche definiert sich also nicht durch sein Leben, sondern durch seine Werke. Eine Chronologie lässt sich nur sehr schwer rekonstruieren und eine zeitliche Reihenfolge wird am ehesten im Abschnitt „Warum ich so gute Bücher schreibe“ eingehalten. Hier kommentiert Nietzsche seine veröffentlichen Werke in der Reihenfolge ihrer Entstehung und erst hier fügen sich biographische Ereignisse zu einer Abfolge. Man erkennt sofort, dass sich Nietzsches „Ecce Homo“ gegen das typisches Schema einer Lebensgeschichte wehrt. Die rhetorischen Kapitelüberschriften „Warum ich so weise bin“, „Warum ich so klug bin“, „Warum ich so gute Bücher schreibe“ und „Warum ich ein Schicksal bin“ gliedern den Text thematisch und lassen dennoch Raum für Abschweifungen, Reflexionen, Anmerkungen, Anekdoten, Zitate und Fragen. Die Form des Werkes lässt Nietzsche die Freiheit, Biographie und Gedanken miteinander zu verknüpfen, ohne auf die Chronologie Rücksicht nehmen zu müssen.

2. Aufhebung der Identität von Erzähler, Autor und Protagonist

Die Auseinandersetzung mit autobiographischen Texten kann leicht zu Missverständnissen führen. Eine Autobiographie hat im emphatischen Sinn etwas mit der Identität von Autor, Erzähler und Protagonist zu tun, die erzähltheoretische Unterscheidung der drei Genannten scheint aufgehoben zu sein. Als Einheit von Autor, Erzähler und Protagonist fasst Serge Lejeune die Rahmenbedingungen der Autobiografie im Vergleich zu fiktionalen Texten zusammen. Erfüllt sieht Lejeune diese Identität in der Funktion des Eigennamens im Text. Die Signatur des Eigennamens kennzeichnet die Verbindung zwischen dem Autor und dem Leser einerseits und der Verantwortung des Selbst vor Gott (wie bei Augustinus), der Natur (wie bei Rousseau) oder dem Leser (wie bei Goethe) andererseits.

Allerdings stößt Lejeunes mit seiner Definition auch auf Widerspruch. Für Paul de Man stellt eine Autobiographie ein Spiel von Masken dar, das von der rhetorischen Figur der Prosopopöie bestimmt wird. In der Spannung zwischen Gesicht und Maske ist die Prosopopöie das Prinzip der Defiguration, das zu einer vollständigen Auflösung der Einheit führt.

Diese Sichtweise entspricht zweifelsohne der des „Ecce Homo“. „Ecce Homo“ ist identitätsauflösend, da Nietzsche hier versucht, sich in einem Spiel von

Masken von seiner Identität zu lösen. Nietzsche behauptet ein Nachkomme „polnische[r] Edelleute“[2] zu sein und will sich von seiner Herkunft – einer evangelischen Pfarrersfamilie – abgrenzen, da die so gar nicht in seine nicht vorhandene `Glaubenswelt` – dem Atheismus – passt. Nietzsche spricht in „Ecce Homo“ also als Autor, der versucht, sich von sich selbst und seiner Identität `weg zusprechen`. Er will keineswegs mit sich identisch sein. Im Gegenteil: Nietzsche will jemand anderes sein. Und das macht er auf eine sehr paradoxe Art und Weise. Zu Beginn spricht er von seiner Familie und im Folgenden von seinen Werken. „Ecce Homo“ erscheint plötzlich als Selbstaufhebung einer Autobiographie und als ein literarisches Zeugnis, in dem der Schriftsteller versucht, auf seine tiefe Einsamkeit zu reagieren.

„Ecce Homo“ hat die Form eines Selbstgespräches, in dem der Sender und der Adressat – in beidem Fall Nietzsche selbst – identisch sind: „Und so erzähle ich mir mein Leben.“[3] Der Sinn dessen liegt bei Nietzsche in der Forderung nach einer beständigen Selbstüberwindung. Jedes seiner Werke stellt eine Frucht dieser Bewegung der Selbstüberwindung dar. Obwohl es so scheint, als würde Nietzsche ein Selbstgespräch führen und nur eins mit sich selbst sein, wird dennoch an vielen Stellen klar, dass „Ecce homo“ eben nicht für ihn gedacht ist, sondern für die Menschheit:

„In Voraussicht, dass ich über kurzem mit der schwersten Forderung an die Menschheit herantreten muss, die je an sie gestellt wurde, scheint es mir unerlässlich zu sagen, wer ich bin.“[4]

Nietzsche sieht sich als den „frohen Botschafter“[5] seiner Gedanken und seiner Forderung an die Menschheit und ist dabei stets besorgt, nicht gehört oder verwechselt zu werden:

„Hört mich! denn ich bin der und der. Verwechselt mich vor allem nicht.“[6]

Merkwürdig und ein weiteres Indiz für die Loslösung Nietzsches von seiner Identität sind die immer wieder auftretenden Zeugungsfantasien in seinen Werken. So betrachtet Nietzsche den Zarathustra in Briefen und autobiographischen Texten als seinen Sohn, der ihm in einer

---

2 Ebd. S. 1162.

3 Ebd. S. 1158.

4 Ebd. S. 1155.

5 Ebd. S. 1232.

6 Ebd. S. 1155.

„plötzlichen und unter den unwahrscheinlichsten Verhältnissen eintretenden Niederkunft im Februar 1883“[7]

geschenkt worden ist. Gleichsam bringen in der „Geburt der Tragödie“ zwei männliche Gottheiten in einem sexuellen Akt die Tragödie als ihr gemeinsames Kind hervor. Im „Ecce Homo“ beschreibt Nietzsche die Geburt Zarathustras: Er wird nach einer achtzehnmonatigen Schwangerschaft geboren. Das veranlasst ihn zugleich zu der Vermutung, er sei wahrscheinlich eigentlich ein „Elefanten-Weibchen“[8]. Alle Identitäten hebt Nietzsche schließlich auf, als er sein Leben und sich selbst als seine Mutter und sein Vater sieht:

„Ich bin, um es in Rätselform auszudrücken, als mein Vater bereits gestorben, als meine Mutter lebe ich noch und werde alt.“[9]

Als alles verschlingende und alles ausspeiende Mutter sich selbst und die Welt neu zu gebären, das ist das Phantasma, das der „Ecce Homo“ metaphorisch entfaltet. Sein ganzes Leben geht auf eine metaphorische Operation zurück. Wer schreibt also diese Texte? Ein Possenreißer oder doch ein Edelmann? Ein Hanswurst? Wer oder was hier letztendlich am Werke ist, ob Mutter oder Elefantenweibchen, Possenreißer oder Erlöser, ist ein geburtsfähiger und zu allem bereiter Mann, der sich und die Menschen reich beschenken will, wenn diese nur bereit sind, sein Geschenk anzunehmen. Sie waren es nicht.

„Ecce Homo“ verbindet die Person und das Werk Friedrich Nietzsches. Der Text, in dem sich Nietzsche vorstellt, fügt sich in die Folge seiner Schriften und in den Zusammenhang seines Denkens. Es ist typisch für Nietzsches Wesen als Philosoph, dass er sich nicht auf Lehrsätze und Theorien beschränkt. Nietzsche fügt bereits in vielen seiner vorigen Werke Kommentare und Selbstdarstellungen hinzu. Er lässt seine Leserinnen und Leser nie in Ungewissheit darüber, wer er ist und was er zu tun vermag. Es ist Nietzsche deshalb so wichtig sich vorzustellen, weil er sich einen philosophischen Blick wünscht, der nicht objektiv ist und ewig währende Ideen beinhaltet, sondern perspektivisch und gestaltend ist. Er will das Notwendige an den Dingen als das Schöne sehen. Diese Perspektive ist nicht willkürlich verfügbar, sondern sie verändert sich zusammen mit dem Blickenden. Ist der Blickende ein vollkommen Bejahender, dann fallen Notwendigkeit und Schönheit zusammen. Aus diesem Hintergrund heraus, trennt Nietzsche Person und Denken nicht, sondern will sie wechselseitig aufeinander beziehen. Daher rührt auch Nietzsches Sorge um die

---

7 Ebd. S. 1211.

8 Ebd. S. 1211.

9 Ebd. S. 1159.

etwaige Verwechslung seiner Person. Es geht ihm nicht um objektive Lehrsätze, sondern um seine eigene, Nietzsche'sche Perspektive. Die Gestalt Zarathustras formt seine Perspektive. Zarathustra ist der Sprecher Nietzsches. Er spricht für Nietzsche. In „Ecce Homo" will Nietzsche sich selbst zum Mittelpunkt seiner philosophischen Perspektive zu machen.

„Ich habe es jetzt in der Hand, ich habe die Hand dafür, Perspektiven umzustellen: erster Grund, weshalb für mich allein vielleicht eine `Umwertung der Werte` überhaupt möglich ist."[10]

„Hat man mich verstanden?"[11]. Dreimal, zu beginn der letzten drei Absätze, wiederholt Nietzsche diese Frage, die in durchwegs Beunruhigung bereitet. Geknüpft an das Verstehen ist die Sorge um die Verwechslung. Neben der Selbstdarstellung Nietzsches ist sein Werk auch eine Inszenierung für sein Publikum.

3. Die Vereinsamung Nietzsches: „Philosophie, wie ich sie bisher verstanden und gelebt habe, ist das freiwillige Leben in Eis und Hochgebirge."[12]

Nietzsches philosophischen Gedanken sind bei den Zuhörerinnen und Zuhörerinnen und Leserinnen und Lesern nie auf die Resonanz gestoßen, die sich Nietzsche immer erhoffte. Es scheint, als wolle Nietzsche diese Art der Krisenerfahrung, die ihn sein ganzes Leben begleitete und in eine tiefe Einsamkeit verfallen ließ, im „Ecce Homo" verarbeiten und sein melancholisches Leben bewältigen. „Ecce Homo" ist gleichsam ein letzter gewaltiger Versuch seine Leserinnen und Leser zu erreichen. Nietzsche will mit seinen Werken die gesamte Menschheit ansprechen, obwohl in der gegenwärtigen Situation keiner dazu bereit ist, ihm die Aufmerksamkeit zu schenken. Das größte Problem Nietzsches ist es, dass er zu Lebzeiten kaum Bücher abzusetzen vermag.

Die Thematik der Einsamkeit ist zugleich der Ausdruck für einen resignativen Rückzug des freien Schriftstellers in das letzte ihm verbleibende Refugium, in ein ästhetisch bestimmtes Selbst, dessen Gefahr nun nicht mehr darin bestehen soll, melancholisch an seiner Einsamkeit zu verzweifeln, sondern darin, an der eigenen Überfülle zu ertrinken. Der Mangel an Einsamkeit soll umgewendet werden in Überfülle. Die Tradition der ästhetischen Autonomie gerät in eine Krise und läuft nahezu ins Leere. Zwischen dem philosophischen Anspruch, eine Öffentlichkeit zu erreichen und dem tatsächlichen Erreichen der Öffentlich-

---

[10] Ebd. S. 1160.

[11] Ebd. S. 1236.

[12] Ebd. S. 1156.

keit existiert eine tiefe Kluft und genau diese schmerzvolle Erfahrung des sich sein ganzes Leben lang Befindens in der Kluft macht Friedrich Nietzsche. Seine Bücher veröffentlicht Nietzsche als Reaktion auf das Erkennen dieser Konstellation.

C. Abschließende Bemerkung

Nach Nietzsches geistigem Zusammenbruch und schließlich seinem Tod findet Nietzsche diejenigen Leserinnen und Leser, die er immer wollte. Geburt, Tod und Wiedergeburt erscheinen als eine Passionsgeschichte Friedrich Nietzsches. Nietzsche selbst stellt sich einerseits gegen Christus und identifiziert sich andererseits mit Jesus von Nazareth, schließlich vergöttlicht er sich selbst im Begriff des Dionysos.[13] So wie Nietzsche als Zarathustra ein Prophet ist, ist er als Dionysos ein Gott.[14] „Dionysos gegen den Gekreuzigten"[15] ist eine Formel am Ende einer Selbstdarstellung und -auslegung Nietzsches – eine Formel, die Nietzsche für sein eigenes Leben findet. Sein Wahnsinn bedeutet das Scheitern seiner Philosophie. Das selbst festgelegte Ziel einer Selbstüberwindung und einer ästhetischen Erziehung zur Größe hat Nietzsche nie erreicht. „Ecce Homo" ist Nietzsches erster und letzter Versuch, sich selbst zu verstehen.[16]

D. Literaturverzeichnis

1. Primärliteratur

Ecce Homo. Wie man wird, was man ist. In: Friedrich Nietzsche. Gesammelte Werke. Neu bearbeitet von Deninger, Wolfgang. Bindlach 2005. S. 1151 – 1238.

---

13 Vgl. Stegmaier, Werner: Nietzsches Kritik der Vernunft seines Lebens. Zur Deutung von „Der Antichrist" und „Ecce Homo". In: Nietzsche- Studien. Internationales Jahrbuch für die Nietzsche- Forschung. Band 21. Berlin/ New York 1992, S. 165.

14 Vgl. Nst 21, S. 179.

15 Ecce Homo. Wie man wird, was man ist. In: Friedrich Nietzsche. Gesammelte Werke. Neu bearbeitet von Deninger, Wolfgang. Bindlach 2005. S. 1238.

16 Vgl. Nst 21, S. 165.

2. Sekundärliteratur

Groddeck, Wolfram: „Die Geburt der Tragödie" in „Ecce Homo". Hinweise zu einer strukturalen Lektüre von Nietzsches „Ecce Homo". In: Nietzsche-Studien. Internationales Jahrbuch für die Nietzsche- Forschung. Band 13. Berlin/New York 1984. S. 325 – 331.

Stegmaier, Werner: Nietzsches Kritik der Vernunft seines Lebens. Zur Deutung von „Der Antichrist" und „Ecce Homo". In: Nietzsche- Studien. Internationales Jahrbuch für die Nietzsche- Forschung. Band 21. Berlin/ New York 1992. S. 163 – 183.

Simon Färber, Schwandorf

„Über N“ oder „Die Entwertung aller Werte?“

Bei unserer ersten Begegnung lief nicht ich ihm, sondern er mir über den Weg. Dieses Zusammentreffen mit Friedrich Nietzsche ereignete sich während einer meiner Freistunden in der, meiner Schule nahe gelegenen Bibliothek, in welcher ich gerne meine unterrichtsfreie Zeit verbrachte. Ungewöhnlich hektisch eilte ich jenen Morgen durch die Regale- warum kann ich selbst nicht mehr sagen. So kam es, dass ich, um eine Regalbiegung hetzend mit einer jungen Frau zusammenstieß, die gerade dabei war der Ablage vor ihr ein Buch zu entnehmen. Da sie eben im Moment unserer Kollision besagtes Buch herausziehen wollte, ergab es sich dass sie das nebenstehende Werk ebenfalls aus dem Regal beförderte und es zu Boden fiel. Die linke Seite der zwischen uns liegenden, geöffneten Nietzschebiographie wurde nahezu komplett von einem Bild ausgefüllt während die rechte mit dem entsprechenden Text versehen war. So erblickte ich Nietzsche zum ersten Mal und mir schauderte. Mit wildem Bart und fast noch wilderem Haar, stierend aufgerissenen Augen, denen etwas Kaltes zu entsteigen schien, lag sein Abbild vor mir. Es waren die Augen, die mich besonders in ihren Bann zogen- Augen die etwas sehen, jedoch in weiter Ferne und angestrengt versuchen es noch genauer zu erkennen. Eben dieser Ausdruck muss mich zu einem ähnlichen verleitet haben, denn ich konnte förmlich fühlen wie mich die Frau unverwandt anstarrte. Schließlich wandte sie sich ab und verschwand im nächsten Gang, ohne sich jedoch weiter um das gestürzte Buch gekümmert zu haben, vor dem ich mich mittlerweile auf den Boden gekauert hatte. Ich nahm kaum Notiz von ihrem stummen Abschied, da die linke Buchseite, das Bild, der Mensch darin meine ganze Aufmerksamkeit beanspruchte. Ich hob das Buch an mein Gesicht, so dass meine Nase es schon fast zu berühren schien, ohne jedoch den Blick von Nietzsches Foto abzuwenden. Was ist mit diesem Mann? Was hat er? Was quält ihn so? Was versucht er so angestrengt, so unbedingt und absolut zu erkennen? Immer wieder rückten sich diese tief liegenden, verdunkelten Augen in den Fokus meines Blickfeldes. Sie alleine schrieen bereits Furcht, Depression und wehmütige Entschlossenheit aus dem Bild heraus. Fast hatte ich das Gefühl dass das Bild größer wird und aus dem Buch heraus wächst, als ob dieses den inneren Unfrieden des dargestellten Menschen nicht mehr bergen könne. Ich schloss die Augen, musste mich zwingen nicht mehr hin zu sehen. Langsam, wie hypnotisiert drehte ich meinen Kopf um nun endlich den Text der rechten Buchseite in Augenschein zu nehmen. Ich erinnere mich dass ich, nachdem ich meine Augen wieder geöffnet hatte, erleichtert dachte: "Nur Buchstaben, keine Bilder." Ich ordnete meine Gedanken und begann anschließend die Botschaft meiner 26 alten Freunde zu untersuchen. Der Text handelte von Friedrich Nietzsches Werte- und Ethikvorstellungen, zu denen ich damals in etwa folgende Gedankengänge entwickelte:

Nietzsches zentrale Begriffe im Bereich der Ethik sind anscheinend die „Herren"- sowie die „Sklavenmoral", wobei er diese von der gesellschaftlichen Ordnung ableitet. So haben etwa in seinen Augen die „schwachen" und „gemeinen" Menschen im wahrsten Sinne des Wortes „ihre Not zur Tugend gemacht" um die beherrschende Bevölkerungsschicht zu entmachten. Entscheidend ist nun, dass Nietzsche von einem entstandenen „Mittelmaß" der Menschheit spricht, da er damit richtigerweise feststellt, dass die ehemals Unterdrückten keineswegs danach trachten selbst zu herrschen(wie es etwa Marx annimmt), sonder dass sie gewillt sind ein Gleichgewicht innerhalb der Gesellschaft herzustellen. Nietzsche verurteilt dieses Mittelmaß scharf, mit der Begründung, dass dieses die Entwicklung der Menschheit ungünstig beeinflusse. Weiterhin proklamiert er, dass nur das Recht des Stärkeren den Menschen zu seinem Ziel, dem Übermenschen führen würde.

Ich bin der Auffassung, dass der Mensch das erste Tier ist in dem sich Egoismus und Empathie als zwei relativ gleich starke Antagonisten gegenüberstehen, und dass er somit stetig zwischen diesen beiden Überzeugungen schwankt. Nietzsche sieht in seinem Übermenschen meiner Meinung nach eine zwangsweise Rückorientierung zum Egoismus. Er hat zunächst erkannt, dass die Empathie in der Evolution wohl niemals stärker sein kann als der Egoismus und dass der Mensch mit dieser gegenwärtigen Werteverteilung nicht sein volles Potential entfalten kann. Da es somit nicht natürlich ist, die Empathie über den Egoismus zu stellen, schreibt er diesem den primären Rang in der menschlichen Ethik zu. Ich sehe im Menschen nicht wie Nietzsche „ein Seil gespannt zwischen Tier und Übermensch", sonder bereits eine „optimierte Existenz" die sich gerade durch diese, in der Natur höchst mögliche Empathie auszeichnet, und wohl auch deshalb so erfolgreich ist. Ich vermute also die menschliche Existenz als Gradwanderung, als Gleichgewichtsakt, als Pendel zwischen zwei gegensätzlichen Welten. Obwohl Nietzsches „Herrenmoral" von seinem Standpunkt aus durchaus plausibel klingt, ist sie nach meinem Ermessen kein menschenunwürdiges Verhaltensprinzip, eben dadurch dass sie ein zu großer Schritt in eine Richtung wäre und dem Menschen naturgemäß nicht entspräche. Ich vermute im Menschen ein Wesen des Mittelmaßes, und halte deshalb auch eine „Ausgleichsmoral" für richtig, wohingegen sich Nietzsche für seine Artgenossen eine klare Ausrichtung wünschen würde. Was für ihn eine menschliche Tragödie, das elende Mittelmaß ist, befinde ich für eine praktikable Variante das menschliche Zusammenleben auf einer angemessenen Ebene zu sichern. Nietzsche hat es sich zum Ziel gemacht die Gesellschaft neu auszurichten, indem er ihr ihre alten

Werte, die nicht ohne Grund abgelegt wurden, wieder zu geben suchte. Es ist nicht zu leugnen, dass Nietzsche dem Gedankengebäude „Sklavenmoral“ erheblichen Schaden zugefügt hat – es gar sprengen wollte, doch ebenfalls ist wohl nicht zu bezweifeln, dass dem Menschen ein gewisser Gerechtigkeitssinn innewohnt. Meiner Meinung nach lässt sich der geniale Denker Nietzsche durchaus als „Entwerter“ vieler Aspekte der „Sklavenmoral“ sehen, jedoch nicht als deren „Verwerter“.

Ich kann mich noch gut erinnern wie erstaunt ich an diesem Tag in der Bibliothek war. Erstaunt deswegen, weil ich bis zu diesem Tag noch Nichts von diesem brillanten Denker und Philosophen gehört hatte. Denn obwohl ich seine Ansichten nicht teile, hat Friedrich Nietzsche meiner Auffassung nach Denkprozesse in gang gebracht, die seither Menschen in aller Welt dazu anregen sich mit Philosophie zu beschäftigen.

Werner Faßrainer, München

Nietzsches Versäumnis

Im Folgenden wird etwas über Nietzsche gesagt. Was heißt „über" Nietzsche? Führt uns dieses Wort nicht in eine Position der scheinbar Besserwissenden, weil Heutigen? Dazu sind wir weder im Stande noch ermächtigt. Welche Methode ermöglicht uns nun einen Zugang zu einem Denker vom Range Nietzsches? Antwort: Die besinnlich-philosophische Bemühung um sein Werk und somit das Zwiegespräch mit ihm selbst.

Was ist Nietzsche das Fragwürdigste? Wonach fragt er am leidenschaftlichsten? Nach der Wahrheit! Er geht erstens davon aus, dass wir die „Wahrheit" nicht haben, was offenbar die Frage am dringlichsten macht. Zweitens fragt er, was die Wahrheit „wert" sei und drittens fragt er nach dem Ursprung des „Willens zur Wahrheit".

Und dennoch, trotz dieses scheinbaren „Radikalismus" bleibt bei Nietzsche die Frage nach der Wahrheit im Umkreis der seit Aristoteles überlieferten „Logik der Erkenntnis". Wahrheit und Erkenntnis, diese ungleichen Brüder haben über zwei Jahrtausende das Denken bestimmt, dergestalt, dass nicht nur die Erkenntnis über die Wahrheit herrschte, sondern auch dass die Voraussetzungen der Erkenntnis von einem schon vorher festgelegten Begriff des „Seins" ausgelegt geblieben sind. Wahrheit, so war man sich im Klaren, sei die Übereinstimmung der Vorstellung mit der Wirklichkeit, somit Angleichung und Richtigkeit des vorstellenden Urteils. Wahrheit wird somit zur *veritas* als *rectitudo*, vorher bei Aristoteles OMOIOSIS; bei Thomas von Aquin in Anlehnung an die arabische Philosophie namentlich bei Avicenna: adaequatio. Nicht einmal der große, kritische Kant hat diese *adaequatio* zur Disposition gestellt. Und das angesichts seiner Frage nach den Bedingungen der Möglichkeit „einer jeden künftigen Metaphysik"!

Nietzsche wusste, wo er zu suchen hatte und wer ihm den Weg weisen könnte aus der scheinbaren Ausweglosigkeit und Bodenlosigkeit der Frage nach der Wahrheit. Wir müssen beachten: Wahrheit ist immer in ihrer Allgemeinheit nicht ein Wahres, sondern das, was allem Wahren zukommt. Dieses wird von alters her „Wesen“ genannt. Heraklit, der anfängliche Denker, ihn verehrte Nietzsche und machte ihn zum „Erleuchter aus der mystischen Nacht“ und zum Teilhaber des „göttlichen Blitzschlages“. In der Schrift „Die Philosophie im tragischen Zeitalter der Griechen“ finden wir Nietzsches Ahnung der Tiefe des „Dunklen“ aus Ephesos.

Der „Krieg“ des Heraklit ist für Nietzsche gleichzeitig der Gegensatz zum beständigen Sein des Parmenides. Krieg ist Werden. Das allein reicht jedoch nicht, um zu verstehen, dass Heraklit den Satz der Identität A=A nicht verweigert, so als habe er am Verbrechen gegen die Logik teilgenommen. Für Heraklit „gilt“ die Logik und gleichzeitig „gilt“ sie nicht. Denn das Wesen ist sowohl ein Ganzes als auch ein Teil; ein Ganzes zwar in Ansehen des Kosmos, ein Teil aber in Ansehung der Natur des Lebenden. Das sagt nach Aenesidemos Heraklit. Nietzsche seinerseits verbleibt in der Rangordnung der traditionellen Überlieferung, so sehr er sie auch angreifen mag. Denn wer verlangt, dass die Philosophie in Eis und Hochgebirge in ihr Eigenstes gehe, der muss der Logik die Stirn bieten und ihre Voraussetzungen und Grenzen in den Blick nehmen.

Die Unterscheidung „wahr/falsch“ und ihre „Berechtigung“ stellt weder der Philologe, noch der Philosoph Nietzsche auf den Prüfstand und so ist das Wesen der Wahrheit für Nietzsche die Angleichung des Vorstellens an die Sache. Er selbst spricht zu uns: „Also dass etwas für wahr gehalten werden muß, ist notwendig, - nicht, daß etwas wahr ist.“ (Wille zur Macht, Band XVI, n. 507, S. 23 f.).

Nietzsches Versäumnis. Ein Versäumnis, das, wenn je, nicht Nietzsche und nicht ihm allein im abendländischen Denken zur Last gelegt werden kann.

Doris Franzbach, Hamburg

Dichter-Los

Das Einatmen widerte sie an. Dabei durchfloss sonst die Luft des Lebens, der Odem der Literatur ihre Seele, hauchte den Figuren dieser Dichterin Leben ein, erschuf selbst aus Stolpersteinen tanzende Sterne.

Jetzt schwankte sie, ob sie Licht im verrauchten Dämmer der Souterrain-Kneipe wünsche oder Finsternis über dem versammelten Gelichter.

Heute würde sie es erfahren: Sollte die Dichterin unter das Volk, der Albatros à la Baudelaire sich träge und zugleich neugierig aus seiner Höhe kapern lassen, um in der Gefangenschaft der Beschränkten ihr Wesen zu studieren? Oder sollte sie sich gleich Nietzsches „Vogel Albatross“ einsam im Äther wiegen?

Da tastete ein Rotschopf an ihrer Seite nach seinem Bierglas. Schaumig vernuschelt quoll es hervor: „Ich will einen Witz erzählen.“

„Das hebt gut an“, dachte die Dichterin. „Das Streben nach der Pointe ist mir nicht fremd.“

Jetzt ein Sprudeln des Rotschopfes: „Ein Mann liebte eine Sardine.“

Die Dichterin formte kleine Gluckser. Welch großartiger Nonsense! Angesiedelt im Nirwana des Post-Sturm-und-Drang. Ein volles Lachen befreite sie von ihrer Anspannung.

Glasige Blicke nahmen Maß. Der Rotschopf und das übrige Gelichter ahmten das Glucksen nach, steigerten sich zu einem rülpsenden Kanon.

„Erwarte hier nicht den guten Menschen“, mahnte sich die Dichterin, „das ehrt nur die Missratenen. Keiner kann Dich so kränken, wie Du Dich selber gekränkt hast.“

Da trat einer zu ihr, den sie Lehrer-Harry nannten: „Ich möchte auch einen Witz erzählen: Eine dekonstruierte Pariser Sardine kommt in eine deutsche Lehrerkonferenz: ‚Non olet‘, sprach …“.

Die Dichterin bewunderte: „Das war ja geistige Nahrung. So etwas in dieser Kaschemme!“

Jetzt betrat ein neuer Gast mit seiner schönen Frau die Kneipe. „Gott, oh Gott, Bade-Fiete“, grüßte einer, den sie Segel-Rudi nannten. Er wechselte vom Bass zum Bariton: „Es gibt doch nichts Schwuleres als einen Bademeister. Immer Fliesen putzen, huch, da hat eine ins Wasser gepinkelt, ich schütte schnell etwas Chlor nach.“

„Gott, oh Gott, der hat wahrhaftig guten Grund, den Sinn seines Lebens in fernen Gefilden zu suchen. Bei dieser Flut schmähender Sumpfblüten, die nach der Sintflut schreien.“ Und eben überschwemmte sie der Rotschopf: „Der Witz geht weiter: Jahre später öffnet der Mann eine Sardinenbüchse.“

„Ah, das Jenseits der wohl geölten Sardinigkeit“, verzweifelte die Dichterin, „für alle, die hier nichts zu hoffen haben. Aber war sie nicht selber drauf und dran, endgültig auszubüchsen?“

„Ölzeug in Döschen, ha!“, spuckte Segel-Rudi aus. „Als ich als junger Spund seekrank war, hat der Käpt’n sich vor mir aufgebaut. Hat ein dickes fettes Stück Speck an eine Schnur gebunden, runter damit und wieder rausgehievt.“ Böse glubschte er der Dichterin in die Augen.

„Der Wille zur Macht, wenn es denn die Macht der Liebe wäre“, entfachte die Dichterin still den Gegenwind, stoppte aber schnell: „Nur keine falsche Moral!“

„Ach, mal wieder Ekstase-Rosi!“, übertönte Segel-Rudi den Lärm, der von der Toilette kam. Bade-Fiete wankte blass hervor: „Ekstase-Rosi hat mich überfallen.“ Sie sprengte die Tür und schrie und bettelte: „Ich will Dich! Ich will Dich!“

Seiner schönen Frau stieg schlagartig die Röte ins Gesicht. Sie eilte zur Toilette, von wo bald Knuffen und Keifen zu hören war.

„Ach, was ist Sünde?“, fragte sich die Dichterin, „Doch nur eine Verwirrung der Instinkte. Welch ein Trost auch: Der Leib beherrscht die Vernunft. Wie schön wäre es, ungeniert zu leben ohne das flammende Erröten der Scham und das wurmstichig schleimige Nagen der Schuld.“

„Jetzt kommt die Pointe“, schäumte der Rotschopf das Interesse auf. „Es ertönt: ‚Bonjour, papa‘“.

Die Dichterin spürte wieder das Glucksen aufsteigen. „Welch wunderbare Absurdität!“ Stoß um Stoß sog sie die rauchige Luft ein, diese wurde ihr zur Sucht und mit tiefen Zügen übertönte ihr Lachen die Runde.

„Falsch!“, schrie Lehrer-Harry dagegen an, „Es müsste wohl eher heißen ‚Buon giorno, papa‘, schließlich Sardinien!“

„Schon der Anfang war falsch.“, dröhnte Segel-Rudi, „Er liebte eine Seejungfrau.“

„Meerjungfrau“, zischte Lehrer-Harry.

Aber der Fernseher übertönte ihn: „Es scheint fast, als habe Schweini eine Katharsis hinter sich. Jetzt schießt er …“.

Grimmiges Knurren crescendierte vom Bauch der Dichterin. Sie spürte das Grauen, den Munchschen Schrei in ihrer Kehle. Ihre Seele, sonst dem Winde gleich, bewegt und bewegend, war verwundet.

Ihre Ansprüche waren maßlos. Das Gelichter hatte sie nicht erfüllen können. Wollte sie es selber? War sie reif wie Nietzsches „Vogel Albatross“:

„Gleich Stern und Ewigkeit
Lebt er in Höhn jetzt, die das Leben flieht,
Mitleidig selbst dem Neid -:
Und hoch flog, wer ihn auch nur schweben sieht!“

Schwingen, die hätten tragen sollen, umgürteten sie. Sie war gefedert und geteert von Scham und Schuld. Das Gelichter musste ihr den Weg in die Höhe weisen.

Manfred Freude, Aachen

Sensationelle Entdeckung: Bisher Unbekannte „letzte" Nietzsche-Handschrift entdeckt

London: Stellen sie sich vor sie sitzen im Theater von Athen, in Griechenland 450 v. Chr., und beobachten eine Komödie des Aischylos. In London wurde, worüber bisher nur leise geflüstert wurde, nun eine bislang unbekannte Handschrift zu einer bisher nur geplant geglaubten Kompilation Nietzsche contra Wagner und der Gedichte Dionysos-Dithyramben gefunden, die überarbeitet zur Veröffentlichung war. Mit vielen, bisher unbekannt gebliebenen Hinzufügungen, sind die entdeckten Blätter versehen. Sie befinden sich im ausgezeichneten Zustand. Die Handschrift scheint aus der Zeit eines beginnenden Größenwahns um 1888/1889 zu sein, wahrscheinlich aus kritischer Zeit nach Turin und der Zeit während seiner Rückkehr zur Mutter. Gleichzeitig fand man bei den Handschriften einen Brief des Franz Rosenzweig von 1918. Es wurde bisher nur soviel bekannt, dass es um die Beziehungen Nietzsches zu Wagner geht. Sein Sprachrhythmus gleicht der Musik Wagners. Sein Ton ist schwülstig und von falschem Pathos. Von seiner Veröffentlichung erhofft man völlig neue Erkenntnisse über den „Stern der Erlösung" und die Verbindung „Wagners contra Nietzsche". Das Nietzsche-Archiv erhebt Ansprüche auf dieses Werk. Die Bekanntgabe erfolgte über eine Londoner Anwaltskanzlei. Eine Erbin, Tochter eines 1938 nach London emigrierten Musikwissenschaftlers (welcher wohl Kontakt hatte mit den Ärzten, Otto Binswangers aus der Psychiatrische Universitätsklinik in Jena, der dort die Leitung hatte als Nietzsche 1888 Patient war; so wie Julius Langbehns der 1889 einen Heilungsversuch wagte) fand im Nachlass auf dem Speicherboden einen Koffer mit verschiedenen weiteren Handschriften. Unter anderem diese späte Nietzsche Handschrift. Eine genauere Herkunft der Blätter braucht wohl noch Jahre weiterer Untersuchungen. Nun soll das Werk in den Handel kommen. Es ist eine Frage ob alle Werke in England bleiben oder nach Deutschland gehen. Die Handschriften wurden bereits vor einem Jahr entdeckt. Inzwischen wurden sie von hochrangigen, Nietzsche Fachgrößen, erforscht. Allen Beteiligten Experten wird weiteres Stillschweigen empfohlen, um die weiteren Verhandlungen nicht zu stören.

Die Preisträger des Nietzsche Preises, schrieben einen öffentlichen Brief Im Streit um die neuentdeckten Nietzsche Handschriften plädierten wie man aus gesicherten Quellen hört, anerkannte Wissenschaftler, für ein Moratorium – bis die Geschichte der Londoner Anwaltskanzlei mit ihrem Kontaktmann einem Germanisten auf dem Spezialgebiet Nietzsche (London), aufgearbeitet ist:

Sehr geehrte Kollegen,

in Ihren öffentlichen Äußerungen, zuletzt im offenen Brief an die Generaldirektion der Stiftung vom 10.02.2008, kritisieren Sie die bisher als »Nietzsche Kollektion« bezeichnete Handschrift in London und die Verweigerungshaltung »der« Familie des Nachlassers. Bitte verstehen Sie, dass wir zu den Aussagen Ihres Briefes nicht schweigen können, mit denen Sie verallgemeinernd über »die Enkel« des Philosophen Friedrich Nietzsche – und damit auch über uns – urteilen.

Wir teilen Ihre Auffassung, dass es ohne eine ernsthafte Auseinandersetzung mit der Vergangenheit, die auch die Bereitschaft zu materiellen Konsequenzen umfasst, nicht möglich ist, einer »dunklen Seite eine hellere hinzuzufügen«, falls man überhaupt ein derart problematisches Ziel befürworten will. Und wir wissen, dass gerade die finanzielle Bereitwilligkeit in dieser Hinsicht jahrzehntelang versagt hat. Aber gerade dieses Wissen hat uns schon vor Jahren – nicht erst im Zusammenhang mit dem aktuellen Streit - um die neuen gefundenen Handschriften des großen Philosophen – veranlasst, einen anderen, eigenen Weg zu gehen, und zwar jenseits aller Öffentlichkeit.

»Wir können das Verfahren mit den Handschriften als Veräußerungsprojekt in der jetzigen Form als Politikum nicht gutheißen«

Es geht also darum, die Handschriften, für eine deutsche Stiftung Nietzsche oder zumindest für ein deutsches Museum zu sichern. Die Stiftung für deutschen Kulturbesitz hat ebenfalls ihre Ansprüche geltend gemacht. Man kann nur hoffen, dass alle Institutionen an einem Strang ziehen und das Projekt erfolgreich abwickeln. Aufgrund unserer besonderen Kontakte ist es uns gelungen, einen Auszug mit Genehmigung der jetzigen Besitzer aus der letzten Handschrift hier veröffentlichen zu können. Der Text: Akte eines Gottes, der hier einhundertachtzehn Jahre nach seiner Entstehung ans Licht kommt, gehört zu Nietzsches erhabensten und gewaltigsten Dichtungswerken. Jetzt hat auch dieses, wohl letzte Werk des Philosophengenies und Dichters, sein Geheimnis der Öffentlichkeit preisgegeben, und es wird noch viel Arbeit nötig sein, dieses Werk richtig einzuordnen. Von den vergeblichen Bemühungen für dieses, für den Druck vorbereitete Werk einen Verleger zu finden, ist nichts überliefert.

Friedrich Wilhelm Nietzsche (* 15. Oktober 1844 in Röcken bei Lützen; † 25. August 1900 in Weimar) war ein deutscher Philosoph, Dichter und klassischer Philologe.

Welterste Veröffentlichung eines bisher geheimgehaltenen Dokuments aus der 2007 aufgefundenen Handschrift:

Akte eines Gottes

Ich habe nun das Bild erkannt, seit ich in Gottes Auge sah.
Sah ich mein Spiegelbild vor mir, und trat,
Mit neuem Saft, und frischem Blut hervor, aus anderer Welt.
Die nur der Messe dienten: Schopenhauer und Wagner,
Zu huldigen mir, dem Gott auf Erden -
Sehe ich nur das Große.
Was alt ist, ist vorbei, vergangen.
Was herabfährt, fährt zur Hölle
Was wäre ich ohne Jene, die zu Lebzeiten,
Vergöttert und Verstorben? Nichts!
Es schaudert mich, und wenn ich stehen bliebe.
Was soll ich schaffen? soll ich tun?
Und noch eins: ist der Deutsche Geist so arm
Und nicht geschaffen sich zu bilden?
Und längst gestorben, trug ins Grab mich, Ariadne
Und atme, Gram und Groll und Gruft
Doch stieg ich höher nun, wer wird mich bewundern?
Weiß ich genug vom Menschenwerk und wer ich war?
Ich war das Genie! In meinen Nüstern sitzt das Genie!
War geworden. Einzig wahr.
Ewig bleibend, zeitlos wahr.
Erinnern an meinen Namen als Dynamit
Lässt doch dem Pöbel seine Not
Der Täter zeigt nur Macht und Größe

Und zeigt der Welt den starken Menschen
Nur ich als Herrscher und als Schöpfer,
Liegt meine Quelle an der Stirne so
Ohne Gott, Kaiser, Papst und Vaterland
Ist Gott auch tot, so lebe ich weiter
Sterbend, siegend und vernichtend
Werde ich ärmer sein,
Liebe nur dem Leidenden, dem Hungernden
Selbstverschenkend mich als Wahrheit ...

Auch wenn das alles etwas streng klingt, wird man feststellen, dass mit Befolgung dieser wenigen Regeln das Genie des Friedrich Nietzsche und die darauf folgenden Antworten nicht nur viel schmerzfreier sind, sondern ein sehr lockeres und humorvolles Miteinander ermöglichen werden. Garantiert wird hier seine Vita ein neues oder anderes "Bild" erhalten, ebenso wie man nach Herausgabe der Handschriften ungeahnt metapherreiche Varianten der Diskussion erleben wird.

M.H.F.

Anm. der Herausgeber: Da es uns bei dem Projekt auch um sehr persönliche Aspekte einer Begegnung mit Nietzsche geht, stellen wir diesen Brief von *Boris Grbavac* seinem Kurzgedicht voran.

Sehr geehrte Damen und Herren des Nietzsche- Forums,

anbei sende ich Ihnen eine eigene Impression über Nietzsche, die ich vor einigen Jahren in meinem jugendlichen Eifer verfasst habe. Dabei handelt es sich um ein einen Vers den ich schrieb, als ich mich noch mit meiner aufsässigen Art geschmückt habe. Nietzsche ist bekanntlich jemand, der mit seiner Sprache verführt und ansteckt. Als Jugendlicher ist man sehr anfällig auf das Staunen, welches seine Philosophie hervorrufen kann. Sein radikaler Individualismus vermag ein rebellisches Herz zu erfüllen, und so war Nietzsche, noch vor den Griechen, den deutschen Idealisten und französischen Existenzialisten, der erste Philosoph, mit dem ich mich bewusst auseinandergesetzt habe.

Erst während und nach meinem Studium der Politikwissenschaften habe ich mich kritisch mit seinen Ansichten befasst. Das vorliegende Gedicht war sozusagen mein erster zweifelnder Blick auf die Person Friedrich Nietzsche und sein Wirken auf mich. Es entstand, als ich etwa 21 oder 22 Jahre alt war. An dem Zeitpunkt musste ich feststellen, wie sehr mir neben allen Freuden der Nietzsche-Lektüre diese auch geschadet hat. Als junger Mensch verfügt man nicht über ausreichend Lebenserfahrung und Weisheit, um sein eigenes Weltbild zu knüpfen. Ein Fehler war damals, eben zu sehr auf die Vernichtung der Moderne zu pochen, anstatt ein gesundes Maß an Optimismus aufzubauen.

Mittlerweile lese ich auch Kant. Dennoch bleibt Friedrich Nietzsche der bedeutendste Schriftsteller, Philosoph und Dichter, der mich bis zum heutigen Tag geistig am fruchtbarsten bereichert hat.

Ich hoffe Sie nehmen dieses Gedicht in den Wettbewerb mit auf.

Boris Grbavac

Fluch auf Nietzsche

Infam und besudelt vom Rausch deiner Häme
wütet dein Schüler durch Gefilde und Zeit.
Das Urteil des Sokrates gerecht nur dir käme,
da mein giftiger Körper wegen dir nicht verheilt.

Martin A. Hainz, Wien

1000 Worte, Bild und Bilder zu Nietzsche

Nietzsche denkt in Bildern; ein Bild sagt mehr als 1000 Worte; 1000 Worte zu Nietzsche? 1000 Worte zu einem Bild von Nietzsche … zu einem Tier, das vielgestaltig ist, nämlich poly- und a-, vielleicht auch pseudomorph: dem Monster, dem, was sozusagen die Klasse des Nicht-Klassifizierbaren ist.

Allzu klassifizierbar und Bild des Klassifizierens ist die Eule, bei Ortega y Gasset aber immerhin jener staunende „Vogel, der immer geblendet ist." Nietzsche: „Schwermüthig scheu, solang du rückwärts schaust, / Der Zukunft trauend, wo du selbst dir traust: / Oh Vogel, rechn' ich dich den Adlern zu? / Bist du Minerva's Liebling U-hu-hu?"

Das ist Krise eines Philosophen-Emblems. Neben diesem erstaunten Tier eignet sich als heraldisch aber auch das Wesen, das eben Unwesen ist: Frankensteins Hybrid aus Leichenteilen, schizomorph und polyphren; das Wesen ohne Spiegelbild, der Vampir; der vom Leben partiell ausgeschlossene Zombie, der darum rasch als soziale Metapher beredt wurde; der sich nicht selbst mehr gleichende Werwolf … man könnte fortfahren nach Belieben, es gäbe unzählige Karikaturen der Klassifikation. Noch der weiße Hai aus Spielbergs Jaws oder Melvilles Moby Dick sind Mischungen, insofern sie deutlich mit psychologischen Strukturen von Protagonisten konvergieren; Godzilla ist die Heimsuchung der Technik durch sich selbst, da die Mutation von Menschen ausgelöst ist, King Kongs Menschlichkeit das, was seine Bestialität unerträglich macht, auch am Alien von H. R. Giger und Ridley Scott ist es die Nähe desselben, die sich als Beunruhigung von Beginn an findet: Nicht zuletzt drückt sich dies im Namen des Raumschiffes aus, das die Struktur eines komplexen Organismus zu haben scheint, worin das Alien durch Gänge, Röhren, Adern rast – Nostromo, eine unübersehbare Anspielung aufs lateinische *noster*. Dieses Alien ist denn auch ganz im Opfer; zunächst im Bauch eines Mitglieds der Crew, das nicht zentral ist, später im Leib der Heldin selbst – es ist so nah, daß es nicht zu entdecken ist, im 3. Teil dem Aids-Erreger gleich lange Zeit quasi latenter Fremdkörper, im 4. Teil als Sprößling der Heldin tatsächlich von unerhörter, intimer Nähe. Überhaupt: Viren – subversive (oder subversiv gelesene) Zeichenketten, seien es solche der DNS, seien es solche eines elektronischen Betriebssystems, sind geradezu die Essenz des Monsters. Man wird nicht sagen können, was der Sinn des Systems war, wenn in seine Teleologie durch den Virus interveniert wurde, man wird auch das Eigentliche des Virus nicht sehen, nicht sagen können, welche Ein- oder Mehrsprachigkeit hier was intendierte. Das Eigentliche ist selbst der Trojaner, wie in Anlehnung an das Trojanische Pferd etwas genannt wird, das indes gerade nicht trojanisch ist, sondern ein Danaer …

Das Monster ist diese Verstörung; es ist je nach Diskurs auch die Frau bei Nietzsche, der gewiß kein Feminist ist, aber das ästhetisch Herausfordernde gerade der sich emanzipierenden Frau gesehen zu haben scheint. Ein Monster ist bei ihm verschiedentlich der Fremde und der Übermensch, der sich die Anthropologie erschütternd vom letzten Menschen unterscheidet, und also der schlechthinnige Mensch, wo er die Kosmologie in Frage stellt. Das tut er, wo er spricht – wo er nicht infans ist, wo er also zu verraten beginnt, mitunter dann auch sich, was eine Freisetzung meinen kann: „Es giebt viel mehr Sprachen, als man denkt: und der Mensch verräth sich viel öfter als er wünscht." Was er verrät, das ist ihm zum Teil überlassen, daß er sich verrät, das vollzieht sich in jeder Bewegung: Alle „Bewegungen sind als Gebärden aufzufassen, als eine Art Sprache, wodurch sich die Kräfte verstehn."

Man wird nicht fragen können, was das Monströse sei; es ist eine paradoxe Gestaltwerdung dessen, was (noch) poly-, pseudo- und amorph ist – zuweilen kraft seiner Reflexion, gerade der Mensch „ist das noch nicht festgestellte Thier", geradezu lediglich „das Interpretiren selbst, als eine Form des Willens zur Macht, hat Dasein […] als ein Prozeß", was den Menschen betrifft:

„Ich fürchte, wir werden Gott nicht los, weil wir noch an die Grammatik glauben…"

Philosophen sind und erkennen das … sie sind die theoretische oder (vel!) praktische Möglichkeit des Seins sich einnistender Wesenheiten, sie sind es, aufgrund derer schließlich statt von der Seele von Beseelungen zu sprechen ist – wer zu sich kommt, kommt zuweilen zu anderem. Seelenlos ist dagegen der Nicht-Monströse, der nicht einmal in Latenz aus seiner Haut kann.

„Saugt eure Lebenslagen und Zufälle aus – und geht dann in andere über! Es genügt nicht, Ein Mensch zu sein, wenn es gleich der nothwendige Anfang ist! Es hieße zuletzt doch, euch aufzufordern, beschränkt zu werden! Aber aus Einem in einen Anderen übergehen und eine Reihe von Wesen durchleben!"

„Ein Philosoph: das ist ein Mensch, der […] von seinen eignen Gedanken wie von Aussen her […] getroffen wird" …

Das Monster ist die der Ordnung immanente Beliebigkeit oder Unordnung, das heißt aber auch: die Verantwortung, deren Aufscheinen am Nicht-nur-Objekt im Blick des Nicht-nur-Subjekts. Das rührt an jenes Wissen, das allein verboten sein kann, das verordnete Metaphysiken – Nietzsche: „Urtheile sind Epidemien, die ihre Zeit haben“ … – und ihre totalitären Metaphysiker vergessen machen wollen; es ist kein Zufall, daß Nietzsche eine „Philosophie des verbotenen Wissens” zu schreiben gedachte.

Die Aufklärung sei den Monstern feind, so sagt man. Doch die Monster sind Anspruch der Aufklärung – sie verschwinden, weil sie nicht mehr so geheißen sind. Monster sind omnilatent in der Aufklärung; fast nichts ist mehr so geheißen, überall ist das Monströse geahnt. Monströs ist die Ahnung der Chimären des Selbst und zugleich die Utopie derselben; die Chímaira – ursprünglich ein Geschöpf der griechischen Mythologie, Tochter der Ungeheuer Echidna und Typhon, ihre Geschwister: Hydra, Kerberos und Sphinx – ist schließlich das geniune Mischwesen (wie Ammut, Basilisk, Gorgonen, Greif, Harpyie, Hippogryph, Ichthyozentaur, Meerjungfrau, Minotauros, Mantikor, Satyr, Sphinx, Zentaur …). Es genügt nicht, Ein Mensch zu sein. Zum Anfang zu gehen, das ist: zum Wort zu gehen, das aber immer schon Fleisch geworden sein wird.

1000 Worte zu Nietzsche? – Vielleicht ein Bild, das Fleischwerdung des Logos und Logoswerdung des Fleisches, das Multiple und das Immanente ist: *L'Origine du monde*, das Gemälde von Gustave Courbet (1866, Öl auf Leinwand, 55x46 cm).

Franz Lukas Hell, München

Mein Nietzsche oder die Geschichte eines Suchenden

Im Folgenden möchte ich versuchen, einige meiner Gedanken und Erfahrungen bei der Lektüre und im Studium von Nietzsches Werk, in Sprache zu fassen. Frei und redlich, nach dem Motto:

„Leg ihn aus, so legt er sich vielleicht hinein,
er selbst kann nicht sein Interprete sein."

Mit diesem Vorhaben im Blick, sollte ich etwa eine Meinung oder ein Gebilde aus Perspektiven, zu einem Werk oder einem Gedanken Nietzsches, auf den Weg bringen. Ich wollte also eine gewonnene Überzeugung, zu irgendeinem der vielschichtigen und zum Teil sehr verstrickten Gedanken Nietzsches, äußern. Überzeugungen habe ich nun, im Laufe der Lektüre Nietzsches, Viele gewonnen und ähnlich Viele sind dem Feuer der werkimmanenten Kritik wieder zum Opfer gefallen. Meine Überzeugungen wurden zu Hypothesen. Wie konnte ich da eine wahre gerechtfertigte Überzeugung gewinnen? So begann ich mit und durch Nietzsche über dieses Phänomen des Wissens, der Erkenntnis selbst, zu räsonieren und fand mich bald mit einer Vielzahl an Perspektiven konfrontiert.

Gibt es da etwa einen Grund, einen archimedischen Punkt, an den man anknüpfen könnte? Mit dem Wort vom „Tod Gottes" schien mir Nietzsche einen Fundamentalismus aber abzulehnen und sein „Wille zur Macht" taugte mir nur noch als hypothetisches, imaginäres Prinzip. Eine Perspektive unter Vielen, die weniger einen Grund lieferte, vielmehr eine Anschauungsmöglichkeit. Ein Grund aber war nicht in Sicht und doch machte ich in mir ein Streben, einen Willen zum Wissen, aus und so suchte ich weiter.

Vielleicht konnte die Basis einer Rechtfertigung ein Verhältnis der Überzeugungen unter- und zueinander sein. Etwa eine Rangordnung. Aber wie sollte diese aussehen. Ein ewiger Wettstreit der Perspektiven im Diskurs oder ein festgelegter Aufbau, etwa ein kohärentistisches System oder ein reduktives Verhältnis der Hypothesen zueinander?

Jegliche Variante hatte mit ihren Problemen zu kämpfen und wieder blieb nur das Streben nach Wahrheit übrig. Seit längerem schon an die Erkenntnistheorie, mit ihrem wahren gerechtfertigten Meinungstheorem von Wissen, erinnert, dröhnte das Agrippa-Trilemma noch in meinen Ohren. Überall standen Scheunen und eine Fabrik in der Scheunenattrappen hergestellt wurden, war mir auch bekannt.

„In der Wissenschaft haben die Überzeugungen kein Bürgerrecht“, so Nietzsche, „erst wenn sie sich entschließen, zur Bescheidenheit einer Hypothese, eines vorläufigen Versuchs-Standpunktes, einer regulativen Fiktion herabzusteigen, darf ihnen der Zutritt und sogar ein gewisser Werth innerhalb des Reichs der Erkenntnis zugestanden werden“[1].

Wie sollte man aber nun überprüfen ob und wann Hypothesen Geltung besitzen? Kann man aus einer endlichen Anzahl von Daten, seien es Beobachtungen oder immer feinere Messungen die Wahrheit einer Überzeugung herleiten? Nun regnete es schon seit Tagen und von Schrödingers Katzen waren auch schon einige hintereinander gestorben. Doch was sollte morgen passieren? Hume lässt grüßen.

Oder gibt es eine Möglichkeit der endgültigen Bestätigung, etwa durch deduktive Schlüsse? Aber waren dabei nicht schon immer die Annahmen, Axiome, mit im Spiel, die ihrerseits einer Bestätigung bedürften?

Oder konnte man durch Falsifikation Hypothesen aussieben, etwa durch Überprüfung einer empirischen Voraussage einer Theorie? Das ewig alte Spiel zwischen Denken und Beobachtung, zwischen Theorie und Empirie. Bestätigung und Falsifikation. Hin und her gerissen zwischen den verschiedenartigsten Theorien des Wissens, seien es Kohärenz- oder Korrespondenztheorien des Wissens, idealistischen, naturalistischen oder pragmatischen Ansätzen, wurde der Boden leicht schwammig. Bald war ich im Feld der Erkenntnistheorie, bald in der Wissenschaftstheorie unterwegs. Keine Alternative konnte mir wirklich eine finale Rechtfertigung bieten. Dort wo einst ein Fundament stand, blieb nur ein leerer Raum. Eine Vakanz. Aus einer ursprünglichen Begründung wurde nach dem „Tod Gottes“ ein Bedürfnis nach Begründung. Der Wille zur Wahrheit. Aber durch die vielen Möglichkeiten der Betrachtung eröffnete sich keineswegs eine Antwort oder Lösung des Problems des Perspektivismus.

---

1 F. Nietzsche, Die fröhliche Wissenschaft (1882), in: KSA, Bd. 3, § 344, S. 574.

Ein Wandel schien aber stattgefunden zu haben. Überzeugungen waren zu Hypothesen geworden. Die einstigen Fundamente von Überzeugungen, deren Macht, Materialität, Nutzen und Alter, deren transzendentale Rechtfertigung lodern im Feuer der Kritik. Der Wille zur Wahrheit fordert seinen Tribut und das nicht nur im Elfenbeinturm. Das Rad der Wissenschaft dreht sich, und der Mensch mit ihr. Der Diskurs ist eröffnet.

Übrig bleiben immer wieder Hypothesen, manche mit besseren, manche mit schlechteren Gründen. Manche, mit der Zeit gewachsen und nun mit stolzem Alter etwas fester, manche mehr oder weniger nützlich. In einem definierten Rahmen nähert man sich den Dingen an. Ohne sicheren Grund aber scheint man dem Skeptiker schutzlos ausgesetzt zu sein und es bleibt nur der Wille zur Wahrheit.

So stand ich nun in der Gasse und hörte hier und dort das Geschrei der Menge. In einer Ecke sah ich zwei Gestalten miteinander über das Glück reden.

„Lebe redlich und liebe das Leben“, sprach der Weise. „„Bewundere dich selbst und lebe auf der Gasse!‘“ Und der Narr fügte hinzu: „„Aber wie kann man beständig bewundern, ohne beständig zu verachten?‘“[2]

Metaphysische Bedürfnisse

Oh, ein Licht such ich in diesen Tagen
nachdem ich hörte: “Gott ist todt”.
Die Welt birst vor lauter Fragen,
so groß ist heut die Not.

Die Kette ist zerbrochen,
nichts übrig außer Haut und Knochen,
man hat mich einst betrogen,
über jenen Geiste mich belogen.

---

[2] Ebd., § 213, S. 508.

Ein Bedürfnis ist mir noch geblieben,
nach überirdischem Glanz.
neben all den anderen alten Trieben,
verlangt es mich nach der schönen Lichter Tanz,

Oh erheb dich grauer Adler,
über meinem Haupte sollst du fliegen,
erleuchte mir den Weg,
der da vor mir liegt im Dunklen.

Gerhard Hofweber, Augsburg

Wie man wird, was man ist – eine Spur im Zarathustra

Wie wird man, was man ist? Die Frage ist nicht leicht zu beantworten, allein schon deshalb, weil sie soviel impliziert. Darin liegt, dass wir bereits etwas Bestimmtes und nichts Beliebiges sind, aber wir müssen dieses noch werden. Wie ist das zu verstehen? Werden heißt, im Sinne des Aristoteles, etwas Mögliches verwirklichen. Das Mögliche muss demnach ebenso zum Seienden gehören wie das Wirkliche. Das Mögliche ist am Wirklichen seiend. Dabei ist der Inhalt des Möglichen und seiner Verwirklichung gleich. 100 mögliche Taler sind Inhaltlich nicht von 100 wirklichen Talern unterschieden. Die Eichel enthält den ganzen Inhalt der Eiche, sämtliche Bestimmungen, nur, dass diese noch nicht verwirklicht sind.

Zu werden was man ist bedeutet, das zu verwirklichen, was wir der Möglichkeit nach schon sind.

Wie vollzieht sich der Selbstwerdungsprozess und was steht ihm im Wege? Verhindert wird der Prozess in erster Linie durch ganz falsche Vorstellungen, welche die Sache grundlegend verkennen.

Wir meinen, wir könnten uns zu dem machen, was wir gerne wären und es gibt einen gesellschaftlichen Trend und Druck, welcher sich über die Werbung bis hin zur Schönheitsoperation erststreckt, der da lautet: mach aus dir was du sein willst! Sei wer immer du sein willst. Das ist aber das Gegenteil von werde, was du bist und es ist unmöglich, weil es falsch ist.

Es wird dabei ein Ich vorausgesetzt, das über die Entscheidungen bestimmt. Dieses ich meint, es wäre der autonome Souverän der Entscheidungen, aber das ist eine Illusion. Diese Ich ist nur eine „kleine Vernunft", ein „Werk- und Spielzeug deiner großen Vernunft"[1]. Das Ich meint zwar, Ursache der Entscheidungen zu sein, aber hinter ihm steht das Selbst, „die große Vernunft" oder der „Leib"[2]. Das Selbst ist der eigentliche Bestimmer und es führt auch das Ich am „Gängelbande"[3]. Alles was wir wollen, unsere Ziele und Werte, werden nicht

[1] F. Nietzsche, Also sprach Zarathustra (1883-1885), in: KSA, Bd. 4, S. 39.

[2] Ebd., S. 39 f.

[3] Ebd., S. 40.

vom Ich bestimmt, sondern vom Selbst. Das Selbst ist das Schaffende und Wollende und nur in der Vorstellung, der Reflexion, dem Verstand als äußerer Betrachtung erscheint es als ich.

Wer ist dieses Selbst? Das Selbst – und das heißt dasjenige, was ich eigentlich bin – ist nichts Individuelles, Besonderes, sondern das Allgemeine meiner Existenz. Es ist das schaffende Selbst, der Schaffende Wille. In dem der Wille schafft, rechtfertigt er die Vergänglichkeit[4], weil er immer wieder über sich hinaus schaffen will. „Wollen befreit"[5], weil sich im Wollen das Selbst und der schaffende Wille verwirklicht. Wollen befreit. Wofür? Zu uns selbst.

Im Wollen bejahe ich das Leben, weil Leben heißt, sich immer wieder selbst überwinden zu müssen[6]. Sich überwinden heißt ebenso, über sich hinaus zu schaffen, aber nicht ins Ewige, sondern ins Immer-Weiter.

Weil nun die Selbstüberwindung dasjenige ist, was mein Wille will, was ich selbst will, deshalb suchen wir uns immer wieder Widerstände, die wir überwinden müssen und wollen. Dieser Prozess lässt sich freilich unter der Vorstellung der Regentschaft des Ich nicht verstehen, denn dann könnte man fragen: warum soll ich mir den Widerstände suchen? Ich will lieber meine Ruhe haben. Aber darum kümmert sich das schaffende Selbst nicht. Die Selbstüberwindung ist somit immer Ausdrucks des schaffenden Willens, der die Widerstände will, um sie zu überwinden. Das ist die Natur des Wollens selbst, welches von Inhalt zu Inhalt fortschreitet.

Wenn wir werden wollen, was wir sind, müssen wir erkennen und anerkennen, das wir unser Selbst verwirklichen, indem wir uns selbst überwinden und uns wollend zu uns selbst befreien. Dieser Weg ist voller Widersprüche und er muss auf krummen Pfaden vollzogen werden[7].

Es gibt aber noch ein größeres Hindernis, als die Verkennung dieser Zusammenhänge. Es besteht darin, dass wir vom Geist der Rache bestimmt sind[8]. Wir können nur werden, was wir sind, wenn wir vom Geist der Rache erlöst werden. Rache ist hier mehr als eine psychologische Kategorie, auch wenn sie sich natürlich auch im Neid und im Ressentiment auswirkt. Rache bezieht sich hier auf die Struktur des Wollens überhaupt. Etwas im Willen selbst kommt nicht ins Ziel und erzeugt so den Widerwillen und die Rache.

---

[4] Vgl. ebd., S. 110 f.

[5] Ebd., S. 111.

[6] Vgl. ebd., S. 148.

[7] Vgl. ebd.

[8] Vgl. ebd., S. 128 ff.

Wollen befreit uns zu uns selbst, aber der Wille, „der Befreier und Freudebringer [...] ist selbst noch ein Gefangener“[9]. Was hält ihn gefangen? Die Vergangenheit. Das „Es war“ ist ein „Stein, den er nicht wälzen kann“[10]. Der schaffende Wille rechtfertigt die Vergänglichkeit als gewollte, aber er kann das „Es war“ nicht mehr umschaffen. Es war bereits und ist nicht mehr schaffend zu verändern. Dies führt zur Rache: „Diess, ja diess allein ist Rache selber: des Willens Widerwille gegen die Zeit und ihr „Es war“[11]. Es ist wohl zu beachten, dass die Rache auch ein Wille ist, aber nur noch ein Widerwille, ein sich stoßen gegen etwas, das nicht überwunden werden kann. Aber der Wille will überwinden und wenn er es prinzipiell nicht kann, wird er von der Rache bestimmt.

Gibt es eine Lösung dieses Dilemmas? Gibt es eine Erlösung vom Geist der Rache? Ja, die gibt es. Die Erlösung von der Rache besteht darin zu erkennen und anzuerkennen, dass das „Es war“ der eigenen Geschichte ein gewolltes ist. Die eigenen Vergangenheit bleibt ein Quell der Qualen, „bis der schaffende Wille dazu sagt: ‚aber so wollte ich es!‘“[12] Nietzsche meint hier nicht, dass wir die Vergangenheit so betrachten sollten, als ob wir sie gewollt hätten, sondern dass wir sie tatsächlich gewollt haben. Aber nicht ein autonomes Ich hat sie gewollt und sich ausgesucht, sondern unser Selbst, wir selbst als schaffender, sich überwindender Wille, haben sie gewollt. Die Bejahung der Vergangenheit als einer gewollten ist die Erlösung von der Rache. Die Bejahung findet aber nicht statt, wenn ich sage, damals habe ich etwas gewollt, aber ich wusste ja nicht was daraus wird. Hätte ich gewusst, was ich heute weiß, hätte ich es nicht gewollt. Nietzsche sagt: „Aber so will ich es! So werde ich's wollen!“[13]

Das heißt, es reicht nicht zu sagen: ‚Ich habe es gewollt, aber jetzt will ich nicht mehr gewollt haben‘. Die Erlösung von der Rache drückt sich so aus: ‚Ich habe es gewollt und ich will es noch immer gewollt haben‘. Erst in dieser Anerkenntnis bejaht der schaffende Wille die Vergangenheit als solche und das heißt, er begreift die Vergangenheit nicht als einen Stein, den er nicht wälzen kann, sondern als einen Stein, den er nicht mehr wälzen will, weil er ihn schon gewälzt hat.

Wenn wir die Vergangenheit als einen Ausdruck der Selbstüberwindung bejahen, erlösen wir uns von der Rache (oder besser: werden wir von der Rache er-

---

9 Ebd., S. 179.

10 Ebd., S. 180.

11 Ebd.

12 Ebd., S. 181.

13 Ebd.

löst) und versöhnen uns mit uns selbst, so dass wir werden können, was wir sind.

Ute Kaiser, Erding

Mein Nietzsche

Ich kam hierher, um zuzuhören, zu hören, was ich schon wusste. Ich hatte es gelernt – Nietzsche – vor vielen Jahren. Jetzt aber, war ich her gekommen, um anzuknüpfen an verloren und vergessen geglaubte Lebenszeit. Nichts hatte ich getan in den letzten Jahren, was mich auch nur im Mindesten an meine damalige Studienzeit hätte erinnern können, andere Aufgaben – andere Wege. Und so kam ich hierher in die Vorlesung über Nietzsche und ich weinte. Ich weinte, weil ich mein Leben geschrieben sah, Krisen, Tiefen und das Durchdringen sein von Nichts, das in meine Glieder gekrochen war wie die Feuchte in der Luft, in den vielen Jahren, ohne, dass ich es gemerkt hatte. Es hatte von mir Besitz ergriffen in den Stunden, den einsamen, die ich mit mir alleine verbrachte, alleine unter Menschen, alleine mit mir. Nichts- und ich fror, ich fand es wieder und wusste, dass Nietzsche mich nie mehr verlassen hatte, seit ich vor zwanzig Jahren in Wuppertal das erste Mal von ihm gehört hatte. Der Schreck hatte mir bereits schon im Nacken gesessen, als wir Plotin lernten und lasen vom Spiegel des Nichts, schon da blickte ich bis in den tiefsten Winkel meiner Seele und wollte seinem Sog nicht nachgeben, ich wollte wegsehen, schnell und die Erinnerung daran vergessen machen. Ich fühlte mich unbetroffen, religiös und stark und ich dachte, mir könne nichts geschehen, solange, bis unser ehrwürdiger, strenger und mächtiger Philosophieprofessor mit wehendem schlohweißem Haar uns mit ernster Miene die Heraufkunft des Nihilismus kündete, einem Ereignis, das uns so ausweglos erschien, dass wir starr erschraken. Mit großer Erleichterung vernahmen wir im Verlauf der Vorlesung Monate später von der Möglichkeit der Überwindung des nihilistischen Wertezerfalls, und klebten an jedem seiner Worte, als bedeuteten sie uns das Leben. Jetzt, in diesem Augenblick, als ich erneut von Nietzsche mit ruhigen ernst düsteren Worten lesen hörte, verstand ich, dass mein Schrecken berechtigt und mein Eindruck von damals wahr gewesen war. Ich war hindurch gegangen durch den immer wiederkehrenden totalen Wertezerfall, in dem nichts mehr steht, was einem heilig war, wenn die inneren Tempel fallen und man nichts mehr sieht. Wenn die Werte, die neuen, die sich formen, mit der Gesellschaft so unkonform und unvereinbar sind, dass man nicht mehr weiß, wohin man sich wenden soll. Ich dachte an Erich Fromms Furcht vor der Freiheit, den Zustand der Leere zwischen der *Freiheit von* zur *Freiheit zu* und ich hatte nicht gewusst, wie grauenhaft lange und oft ich darin in meinem Leben verweilen sollte. Nun saß ich hier, hörte von Nietzsche lesen, ruhig und klar und wahrhaftig, hörte von seinem Leben, den Erschütterungen, die es in ihm hinterlassen hatte, fühlte sie wieder, die Wahrheit des Seins auf dem Meer und es gibt kein Land mehr, und das Taumeln der Erde, wenn sie sich abgekettet hat von der Sonne und fällt in einem Fort in der Leere der nicht Verbindung. Ich saß und ich weinte, weil ich auf meine Weise und mit meinem Leben so sehr verstand, verstand, wie ich es mir nicht gewählt hatte zu verstehen, zumindest nicht bewusst. Jetzt aber sah ich messerscharf und klar und ich verstand, wenn es mir nicht gelänge, einen Weg zu finden umzugehen, mit diesem durchsichtigen Gespenst des Nichts, das mich durchdrungen hatte wie Nebel, wie neuronale Synopsenbahnen, die mein ganzes System wie ein Virus befallen hatten, wenn es mir nicht gelänge, aus dem Nichts heraus zu einem *Für* meines persönlichen eigenen Lebens zu finden, würde ich weiter weinen, weinen, ein jedes Mal, wenn jemand Nietzsche las.

Peter Kalab, München

„Frühling 1889"

„Das Grundmotiv des Bildes ist der Kontrast zwischen dem göttlichen Anspruch und dem menschlichen Mitleid. Die mehrfachen Anspielungen (z. B. „Der Mensch ... ein Seil über dem Abgrund"), die problematische Beziehung zu Wagner, zu Lou Salomé, die religiöse Prägung (...), all dieses habe ich in meinem Werk verarbeitet." (Peter Kalab)

Frühling 1889, Öl auf Leinwand, 85 × 100 cm

Christo Karabadjakov, Regensburg

Mein Nietzsche: Individualismus mit Maß

Friedrich Nietzsche ist bekanntlich ein Autor von Aussagen mit radikalem Impetus: „Ich bin kein Mensch, ich bin Dynamit"[1]. Und in der Tat ist seine Philosophie keine der leisen Töne. Ihre manchmal enigmatischen Botschaften schlagen mit einer definitiven Selbstverständlichkeit ohnegleichen ein: „Wie man wird, was man ist"[2].

Ist es dann realistisch, von Nietzsches Philosophie eine Zurückhaltung in Wort und Denken, eine Mäßigkeit als leitendes Motiv, gar einen Individualismus mit Maß zu erwarten? Wie kann man Nietzsche als Prophet der Mäßigkeit lesen?

Die Antwort auf diese Frage hängt auf paradoxe Weise mit der Art unserer Annäherung an seine Texte zusammen. Jeder Nietzsche-Leser glaubt zunächst, seinen „wahren" Nietzsche zu entdecken. Doch erfahrungsgemäß wird die Wahrnehmung des Philosophen von andersartigen persönlichen, geschichtlichen und kulturellen Perspektiven verblendet. Die Nietzsche-Bilder leiden an einer manchmal verhängnisvollen Einseitigkeit: Mal sah man in ihm den „Wegbereiter der national-sozialistischen Ideologie", mal den „Vollender der abendländischen Metaphysik" und dann den „Vorläufer der Postmoderne". Nietzsche bleibt immer „mein Nietzsche". Von seinen Werken strahlt eine Kraft aus, die den Leser „verführt", stets über ihn hinaus zu gelangen. Ein Nietzsche-Jünger darf daher nicht, eine verehrungsvoll-exegetische Attitüde an den Tag legen, sondern sollte bewusst etwas in Nietzsche hinein, und vor allem: ihn „gegen den Strich" lesen.

So ist mein Versuch, in „Nietzsche" einen Individualismus mit Maß zu sehen, das Resultat einer kritischen Wendung an den Philosophen mit dem Wunsch, seine Philosophie produktiv für aktuelle Fragestellungen der Politikwissenschaft zu machen. Man kann hinter Nietzsches oft heroischen Gesten auch andere, gemäßigte Nuancen aufspüren.

Die „heroischen", „radikalen" und „aristokratischen" Grundzüge im Nietzsches Individualismus haben heutzutage einen nur begrenzten Stellenwert in der Tagesordnung der liberalen Demokratie. Sie wirken „unzeitgemäß". Eine neue

---

1 F. Nietzsche, Ecce Homo (1888), in: KSA, Bd. 6, S. 365.

2 Ebd., Untertitel.

Perspektive bietet sich jedoch an, indem ich den Kern von Nietzsches Denken, seine erkenntnistheoretische Methode der Genealogie, für politische Implikationen öffne.

Worin besteht Nietzsches erkenntnistheoretischer Individualismus? Die prägnante Antwort erreicht die Dichte und Enigmatik von Nietzsches Aphorismen selbst: in der Freiheit der Erkenntnis und der Erfahrung ihrer inneren Grenze.

Anders als Nietzsche gebe ich hier gerne meine Erklärung.

Nietzsches philosophische Methode der Genealogie bietet eine legitime Sphäre für die Entfaltung der individuellen Freiheit an. Diesen Aspekt stellte Nietzsche bildlich in der Figur des „freien Geistes" dar. In dieser spitzt sich die Frage „Was ist Wahrheit?" in der sokratischen Frage „Wer bin ich?" dramatisch zu. Die mittlere Werkphase bringt somit eine spontane politische Kraft zur Geltung.

Die „dunkle Seite" der Selbsterkenntnis des freien Geistes ist ihre manchmal unbestimmbare innere Grenze. Nietzsches Individualismus kundschaftet diese Grenze aus. Am Erfolg der Suche misst man die Chancen für einen politischen Individualismus mit Maß. Die genealogischen Analysen erweisen sich als eine Unternehmung mit offenem Ende, die aber weiß, die Regel der Zurückhaltung sich selbst aufzuerlegen. Morgenröte und Die fröhliche Wissenschaft bewahren die Spuren dieser allmählichen Reifung des maßvolen Individualismus auf. Und wie oft bei Nietzsche redet auch hier die Genealogie in Bildern: Die „Argonauten des Ideals"[3] legen irgendwann immer an festem Lande an, da sie dem Prozess der unabschließbaren Selbstfindung einen Einhalt gebieten durch Einsicht in die Begrenztheit menschlicher Kräfte[4].

Wer ist also „mein Nietzsche"? Ich liebe Nietzsches freie Geister, die auf Entdeckungsreise aufbrechen, um den Weg der Selbsterkenntnis zu gehen, und dabei die Kräfte für ihre Heimkehr stets einzuschätzen wissen.

---

3 F. Nietzsche, Die fröhliche Wissenschaft (1882), in: KSA, Bd. 3, § 382, S. 636.

4 Ders., Morgenröthe (1881), in: ebd., §§ 547 u. 575, S. 317 f. u. 331.

Rüdiger Kendziora, Bonn

Nietzsche

Vaterlos
zersetzt dein Geist
die philosophischen „Götzen“ der Kulturhistorie
die in Bildern und Gedanken
sprachgewaltig Du bereist,
stößt von Tempelshöhe Du
in den Erdengrund der Menschlichkeit.

Die Lebenskraft,
die allem Sein zum Grunde wohnt,
ist des Menschen „Geisteswesen“
tiefster Hohn,
von unterirdischen Mächten,
verführerisch gelenkt,
sitzt tief die Kränkung,
die durch deine Lehre
im „Wahrheitswahn“ zum Übermenschen
drängt.

Wer glaubt,
dass er im freien Fall,
von reifen roten Trauben philosophischer Lehren,
vorbehaltlos speisen kann,
der irrt
und muss sich eines Besseren belehren:

dass

eine transzendentale Macht,
aus den tiefsten Tiefen biologischer Nachkommenschaft
ins Fleisch und Geist und Edelmut
zum Menschen strebt,
aufgrund dessen Urvermächtnis
kein Ich ein Ich
ein X Dich wählt,
lebt in der Illusion der Freiheit,
der freie Mensch unter Menschen
wie ein Tor
weil am anderen Ende reinen Menschseins
nur ein verborgener Wille tost –
dem lebensdienlichen Zweck seines Seins
‚zum Glück!'
und
zum Guten hin innewohnt –.

Dagmar Kiesel, Erlangen

Brief an Nietzsche

(Die sich anschließende Interpretation von Hesses *Steppenwolf,* dessen Grundlegung sie bei Nietzsche fand, konnte wegen Überlänge leider nicht mit aufgenommen werden. Anm. der Hg.)

Verehrter Herr Prof. Nietzsche,

einen Aufsatz über meine Leseerlebnisse mit Ihren Werken zu verfassen, das ist mein Vorhaben. Schon das Motto der gestellten Aufgabe irritiert mich und bringt mich doch zugleich an den Kern des Themas, das ich mir zu bearbeiten vorgenommen habe: „Meinen Nietzsche“ bin ich aufgefordert zu präsentieren! „Mein Nietzsche“ – darf ich es wagen, Sie auf diese Weise zu vereinnahmen? Ist es legitim, Friedrich Wilhelm Nietzsche, den Vielgestaltigen, Widerspruchsreichen und gerade dadurch unverwechselbar Einzigartigen, auf *meine* Interpretation festzulegen? Zeigt nicht gerade Ihre bittere Rezeptionsgeschichte, welche Tragödien entstehen, wenn Sie *falsch* interpretiert werden, wenn *„mein* Nietzsche“ nicht auch *Ihr* ureigenster Nietzsche ist? Andererseits: Haben Sie die Fallen, in die gut- wie böswillige Interpreten treten können, nicht selbst gelegt, indem Sie schrieben: „Derselbe Text erlaubt unzählige Auslegungen: es gibt keine »richtige« Auslegung.“[1] Dennoch fordern Sie in Ihrem letzten Werk *„Ecce homo“* eindringlich: „H ö r t m i c h ! D e n n i c h b i n d e r u n d d e r . V e r w e c h s e l t m i c h v o r A l l e m n i c h t !“[2] Eine unbändige Sehnsucht danach, gelesen *und* verstanden zu werden, trieb Sie um. Und doch haben Sie alles getan, sich hinter Masken zu verstecken. Der Versteckteste unter den Verstecktesten wollten Sie sein, und wie gewohnt schwelgten Sie auch mit dieser Ambition in Superlativen. Sie haben die inneren Selbstwidersprüche in Moral, Religion und Gesellschaft erbarmungslos aufgedeckt und stilisierten sich doch selbst in der fragwürdigen Ästhetik des widerspruchsreichsten Philosophen. Wer sind Sie, Prof. Nietzsche, wie definieren Sie Ihr „Selbst“, Ihr „Ich“, Ihre „Person“, Ihre „Persönlichkeit“, Begriffe, die wir gemeinhin benutzen, wenn wir die personale Identität eines Menschen zu fassen versuchen. Identität – dies ist der thematische Horizont, vor dem mir Ihre Schriften bedeutsam geworden sind.

---

1 KSA 12, S. 39.

2 EH, KSA 6, S. 257.

Als ich im Alter von 15 Jahren auf Ihre frühen und mittleren Werke stieß, war es die *Identifikation* mit Ihrer pessimistischen Weltsicht und Ihrer alles zermalmenden Analyse einer vordergründigen Moralität, aber auch die Identifikation mit Ihrer Person, die mich zu Ihnen hinzog. Über mein Lebensziel war ich im Unklaren: Sollte ich fromm werden und mein Dasein dem aufopferungsvollen Dienst am Nächsten widmen oder vielleicht doch ein Leben als Gothic jenseits der Gesellschaft führen und nach exzessivem Konsum diverser Rauschmittel und einem intensiv gelebten Leben früh sterben? In beidem waren Sie mein unhinterfragtes Vorbild: Sie, der „kleine Pastor", der aus einem hypersensiblen moralischen Empfinden heraus die Moral destruierte und dessen Denken sich jenseits der Norm bewegte. Nur die von Ihnen aufgezeigten Wege aus dem Nihilismus heraus befremdeten mich: Mit Ihrer Lehre vom Übermenschen, dem Willen zur Macht oder der Unterscheidung zwischen Herren- und Sklavenmoral, die doch als Leitbegriffe Ihrer Philosophie gelten, konnte ich nichts anfangen. Dennoch: Sie brachten mich – neben Schopenhauer und Camus – zum Philosophiestudium. Doch ich wurde Ihnen, meiner ersten philosophischen Liebe, abtrünnig, schon bald war ich überwältigt von Ihrem Gegenspieler Platon, von Kant, der Stoa, vom Neuplatonismus. Während Sie mich das Chaos in der Welt und die Abgründe in meinem persönlichen Mikrokosmos gelehrt hatten, lernte ich hier, dass die Welt ein Kosmos ist, unwandelbar durchwoben vom wohlwollenden göttlichen Geist, nach dessen Maßstab zu leben gleichbedeutend ist mit der Realisierung eines gelingenden Lebens. Ich war dankbar, Sie vergessen zu können: Die erste Liebe pflegt unglücklich zu sein.

Vor zwei Jahren habe ich Sie wiederentdeckt – unverhofft, bei der Lektüre des „*Steppenwolf*" von Hermann Hesse. Das Thema war auch hier die Suche nach personaler Identität, nach Einheit in einem als gespalten empfundenen Ich. Die Parallelen zu Ihnen, verehrter Herr Nietzsche, sprangen mir sofort ins Auge. Die Spuren, die von Ihnen zu Hesses „*Steppenwolf*" führen, möchte ich aufzeigen.

Tobias Kronenberg, Karlsruhe

Friedrich Nietzsche – Die Materie oder Das Gedicht von der Welt der Dinge

„Was Wunder, daß er später in den Dingen immer nur wiederfand, was er in sie gesteckt hatte? – Das Ding selbst, nochmals gesagt, der Begriff Ding ein Reflex bloß vom Glauben ans Ich als Ursache ... Und selbst auch ihr Atom, meine Herren Mechanisten und Physiker, wie viel Irrtum, wie viel rudimentäre Psychologie ist noch in ihrem Atom rückständig!“[1]

Wir werden geboren, wir leben, wir sterben: Sinnbild der Welt des ewigen Wandels, des Werdens und des Vergehens. Doch am Grunde, hinter den vergänglichen Formen, steckt das ewig Beständige, Formlose, Unveränderliche, Unteilbare; Substanz, die Bausteine der Welt: die Atome. Die Welt ist Realität, es gibt Dinge, Objekte und Subjekte – so zumindest stellen wir uns die uns umgebende Welt gerne vor, so hätten wir sie gerne: Konstante Ichs in einer be-greif-baren, berechenbaren, kontrollierbaren Welt der konstanten Ursachen – soviel rudimentäre Psychologie steckt noch immer in uns allen, dass wir noch immer nicht bemerkt haben, dass all dies, die Welt als auch das Wir, die konstanten Ursachen und Ichs, nicht nur für, sondern auch von uns sind!

Die Welt ist eine einzige Veränderliche; Substanz als Ding an sich, Objekt und Subjekt, das Ich – wir erkennen sie nicht, wir erdichten sie uns!

„Der Substanz-Begriff ist Folge des Subjekt-Begriffs: nicht umgekehrt! Geben wir die Seele, „das Subjekt“ preis, so fehlt die Voraussetzung für eine „Substanz“ überhaupt. Man bekommt Grade des Seienden, man verliert das Seiende.“[2]

---

1 F. Nietzsche, Werke in drei Bänden, hg. v. K. Schlechta, Bd. II, München ^{5}1995, S. 973.

2 Ders., Werke in drei Bänden, hg. v. K. Schlechta, Bd. III, München ^{5}1995, S. 627.

Die Welt ist nicht nur eine einzige Veränderliche, sie ist vor allem eine einzige Veränderliche: Sie ist Nicht-Zweiheit, Kontinuum, Beziehung, Form. Das Trennende, der Dia-bolus ist kein gehörnter, grimmig dreinblickender Dämon – es ist unser Tun in der Sprache, in unserer Logik, in unserem Denken. Ein Denken, das zu einem Gedachten stets auch einen Denker, zu einem Tun einen Täter, zu einem Bedingten ein Unbedingtes setzt. Wir scheinen außerstande, uns von diesen grammatikalischen Gewöhnungen zu lösen – wie sollten wir auch, lösten wir uns doch mit einem Schlage ins Nichts auf. Doch: Nicht die Welt verschwände, nur unsere trennende Sicht ihrer.

Dichter wider Willen: Womöglich ist es das, was uns Menschen eint.

Wahrscheinlich ist es aber gerade auch das, was uns vom Übermenschen trennt …

Sonja Lesniak, Siegen

Was übrig bleibt

Ich lese also ein Buch. Wenn man irgendwie an den Text, an irgendeinen Text glauben kann, dann liest man lieber ein Buch. Statt etwas, was man nämlich auch könnte, statt etwas zu erleben.

Ich lese also ein Buch von Nietzsche. Nur, dass man, wenn man ein Buch von Nietzsche liest, kein Buch liest, sondern halt Nietzsche. Höchstpersönlich. Jawohl. Nietzsche, oder das, was von ihm übrig ist.

Als da wäre: Ein Ego, und zwar ziemlich groß, im ganzen Text. Das kommt ungelegen, denn wo soll meins dann hin? Und wo soll denn die objektive Information hin? Prompte Gegenfrage von Herrn Nietzsche: Was soll das eigentlich sein, objektiv? Keine Ahnung, muss ich zugeben. Und so geht das dann die ganze Zeit.

Herr Nietzsche pöbelt vor sich hin, alle drei Zeilen steht er hinter einem, tippt einen an und sagt: Ich bin übrigens der Autor, du nur der Leser. Ich bin übrigens weise, klug und schreibe überaus gute Bücher. Ist das so? fragt man und liest – aus purem Trotz.

Und blättert also in dem, was von Nietzsche übrig ist. Als da wäre: Eine Menge Papier. Eine Menge Wörter: Der ominöse Übermensch, die Umwertung der Werte, der verstorbene Gott. Die Rechtfertigung der ganzen Welt. (Ein Glück. Ich war schon ein bisschen in Sorge um die Welt.) Und irgendwo schreibt Herr Nietzsche: Freie Geister gibt es nicht. Aber verflixt noch mal, da möchte man ausrufen: Doch! Mich! – Und schon hat er einen.

Aber eigentlich hat er einen schon, wenn man sich dabei ertappt, wie man hinter seine Sätze vermehrt Ausrufezeichen setzt. Er hat einen schon längst, wenn man bemerkt, dass man auch schon so anfängt, so intellektuell, so schnoddrig.

Und egal, was man sich so denkt, Nietzsche ist schon da gewesen. Bei dem Schmerz, bei der Kunst, bei der Moral und überhaupt. Trotzdem sagt er: Komm doch her, komm näher, noch näher. Bis man sich schließlich wiederfindet mit der Nase auf den Buchstaben, und alles sieht ganz anders aus. Da muss man dann schon wieder nachdenken.

Dann denke ich also nach, und zwar über das, was von Nietzsche übrig ist. Als da wäre: Eine Menge Hörensagen. Das muss so eins von diesen Leben gewesen sein. Am Ende Tränen, ein verrückter Schnauzbärtiger, der ein geschundenes

Pferdes umarmt, oder so. (Was mag er sich gedacht haben? Und was mag das Pferd sich gedacht haben?) Dann: Hirnerweichung. So kann's gehen. Erst große Klappe und dann Hirnerweichung.

Aber was für ein Elend. Was für eine Tragik. Was für ein Ende von was für einem Denken. Ein Denken Schlingen und Fallen. Eine Hingabe an nichts als Worte, an Widersprüche, an Gedankensplitter.

Was bleibt übrig? Text. Ein Labyrinth aus Text. Und ich, verirrt, verheddert, manchmal erleuchtet. Was bleibt ist dann wohl – Nietzsche lesen. Von wegen nix erleben.

Jens Lipski, München

Nietzsche en passant

Meine Begegnungen mit Nietzsche waren jeweils kurz und häufig auch nur vermittelt. Als Jugendlicher schaute ich in den „Zarathustra" rein. Ich hatte etwas von einer Peitsche gehört, die man beim Besuch von Frauen nicht vergessen dürfe. Das interessierte mich. Doch die Welt dieses Buches und die Welt eines Pubertierenden waren zu verschieden, als dass es zu einem längeren Kontakt kommen konnte.

Als Erwachsener habe ich mir dann eine Sammlung von kurzen, aphoristischen Auszügen aus den Werken Nietzsches gekauft. Den einen oder anderen Ausspruch fand ich anregend. Doch zu einer Leidenschaft für Nietzsches Philosophie wollte es nicht kommen. Das mag auch daran gelegen haben, dass mir seine Sprache zu poetisch erschien und daher zu meiner Vorstellung eines philosophischen Werkes nicht passen wollte.

Meine Neugier auf Nietzsches Leben weckte ausgerechnet ein schriftstellernder Therapeut. Irvin D. Yalom, ein Amerikaner russischer Herkunft, hatte den Roman „Die Schopenhauer Kur" verfasst, in dem ein Patient eine schopenhauersche Weltanschauung vertritt und damit alle Kräfte des Therapeuten herausfordert. Derselbe Autor brachte dann wenig später einen weiteren Roman mit dem Titel „Und Nietzsche weinte" heraus. In diesem Werk findet eine fiktive Begegnung zwischen Breuer, dem Mitbegründer der Psychoanalyse, und Nietzsche statt. Yalom wollte offensichtlich seine Achtung vor Nietzsche als einem geistigen Vater der Psychoanalyse dadurch zum Ausdruck bringen, dass in dem Roman Breuer durch trickreiche Argumentation Nietzsche dazu veranlasst, in dieser Begegnung gleichsam die Rolle des Therapeuten einzunehmen.

Dieses Buch habe ich aber nicht zu Ende gelesen, da mir das dort geschilderte körperliche und auch seelische Elend Nietzsches zu nahe ging. Immerhin habe ich durch diese Lektüre angeregt mir dann Safranskis Nietzsche Biographie in der Stadtbücherei ausgeliehen. Vor allem zwei Eindrücke sind von dieser Biographie hängen geblieben. Erstens: dass auch Nietzsche zur großen Schar derjenigen gehört, die sich mit der Unerklärlichkeit der Welt und unseres Daseins nicht einfach abfinden können und dass Nietzsche, indem er sich dieses „Rätselhaften schlechthin" dennoch geistig bemächtigen wollte, selber dem von ihm propagierten Willen zur Macht – in diesem Fall in der Verkleidung einer Lust am Denken – verfallen war. Zweitens: dass die Idee der kreativen

Selbsterschaffung im Vergleich zur herkömmlichen Vorstellung der Selbsterkenntnis zur damaligen Zeit neu und anregend war, dass aber die Anwendung dieser Idee auf sich selber bei Nietzsche offenbar mehr einer Selbstvergewaltigung glich. Das Mitleiden, das er sein ganzes Leben lang zu unterdrücken und als Sklavenmoral bloßzustellen versuchte, brach in Turin beim Anblick eines geschlagenen Pferdes schließlich aus ihm heraus.

Von der Idee der Selbsterschaffung bis zur modernen Selbsthilfe war es augenscheinlich nur ein kurzer Weg. In einem jüngst erschienenen Werk, das einen Überblick über 50 Selbthilfebücher gibt, wird Nietzsche häufiger mit dem Satz zitiert, dass wer ein Warum im Leben habe, fast jedes Wie ertragen könne. Damit soll wohl der Glaubenssatz der Selbsthilfe begründet werden, dass der Mensch unbedingt ein Ziel im Leben brauche. Vielleicht hat Nietzsche seinen Ausspruch angesichts seines eigenen leidvollen Lebens formuliert. Denn für die Lust gilt dieser Satz sicherlich nicht. Lust ist ganz offensichtlich selbstevident. Oder wie ein Dichter es einmal ausdrückte: Niemand würde auf die Idee kommen, über den Sinn eines Zungenkusses nachzudenken. Und ganz allgemein stellt sich mir die Frage, ob es im Leben genau andersherum sein könne: dass wer sich auf das Wie konzentriert, jede Frage nach dem Warum vergisst.

Sandra Mack, Karlsruhe

Die Geschichte vom Pferd

Manchmal ergeben sich erstaunliche Zusammenhänge. Man kennt die Einzelteile – jedes für sich genommen – ohne jedoch den Zusammenhang zu erkennen, bis man darauf gestoßen wird. Und dann fügen die einzelnen Teile sich zu einem neuen Ganzen zusammen. Oder es ist alles nur Zufall und der Zusammenhang nur konstruiert. So wurde ich auf eine Analogie gestoßen. Wie es mit der Verbindung steht, lässt sich nicht endgültig beweisen und eine Entscheidung darüber, ob Zufall oder nicht, sei daher jedem selbst überlassen. Ich will nur die Einzelteile nebeneinander stellen.

Das erste Einzelteil findet sich in F. M. Dostojewskijs Roman Verbrechen und Strafe. Es handelt sich um einen Traum des Protagonisten Raskolnikow. Dieser träumt, er wäre wieder ein 7-jähriger Junge und müsse mit ansehen wie ein betrunkener Kutscher sein Pferd zu Tode prügelt. Der Junge reißt sich von der Hand des Vaters los, rennt zu dem blutenden Pferd und umarmt und küsst es. Soweit das erste Teil. Das zweite betrifft eine Episode, die aus Nietzsches Leben berichtet wird und durchaus verblüffende Ähnlichkeit mit der eben dargestellten aufweist. Die entsprechende Szene soll sich während Nietzsches letztem Aufenthalt in Turin zugetragen haben, kurz bevor er von einem Freund nach Basel in psychiatrische Behandlung gebracht wurde. Es wird berichtet, dass Nietzsche Anfang Januar 1889 von seinem Hauswirt in Begleitung zweier Polizisten angetroffen wurde, die jenen in Gewahrsam genommen hatten, nachdem er auf der Straße ein Pferd umarmt hatte, welches von seinem Kutscher geschlagen worden war. Soweit die Einzelteile. Doch fügen sie sich auch zu einem Ganzen zusammen? Sicher ist zum Beispiel, dass Nietzsche spätestens ab 1887 Dostojewskij gelesen hat und sich mit ihm verbunden fühlte. In Briefen an Freunde erwähnt er die Lektüre verschiedener Werke Dostojewskijs auf Französisch und beschreibt ein Gefühl der Verwandtschaft mit dem russischen Schriftsteller.[1] Auch einer der so genannten Wahnsinnszettel an Jacob Burckhardt, in dem er sich mit zeitgenössischen Mördern identifizierte[2], weisen auf eine Lektüre von Verbrechen und Strafe und eine Beschäftigung mit dem Thema des anständigen Verbrechers hin. Doch ebenso wie man aufgrund dieser Hinweise einen Zusammenhang herstellen kann,

---

1 Brief an Franz Overbeck vom 23. Februar 1887.

2 Brief an Jacob Burckhardt vom 06. Januar 1889.

könnte man auch dafür argumentieren, dass der besagte Vorfall nie stattgefunden hat, da er beispielsweise bei Nietzsches nächsten Vertrauten, seiner Schwester und Franz Overbeck, mit keinem Wort erwähnt wird. Doch ganz abgesehen davon, ob die Umarmung des Pferdes ein bewusstes oder sogar unbewusstes Vorbild bei Dostojewskij hatte, hat sie sich doch als fester Bestandteil des Nietzsche-Mythos etabliert. Zitieren möchte ich hier abschließend nur ein Beispiel aus der Dichtung; ein Gedicht von Gottfried Benn.

Turin[3]

„Ich laufe auf zerissenen Sohlen",
schrieb dieses große Weltgenie
in seinem letzten Brief – dann holen
sie ihn nach Jena – Psychiatrie.

Ich kann mir keine Bücher kaufen,
ich sitze in den Librairien:
Notizen – dann nach Aufschnitt laufen:
das sind die Tage von Turin.

Indes Europas Edelfäule
an Pau, Bayreuth und Epsom sog,
umarmte er zwei Droschkengäule,
bis ihn sein Wirt nach Hause zog.

---

[3] G. Benn, Turin. In: Ders.: Sämtliche Werke, Bd. 1: Gedichte 1, hg. von G. Schuster, Stuttgart 1986, S. 169.

Julie Yuan Merten

mein NIETZSCHE

Auf keinen anderen Tag habe ich mich so philosophie-theoretisch gefreut. Ja, das ist der Tag, an dem ich meine Entscheidung für das Nietzsche-Seminar an der Uni getroffen gefällt habe.

Vom Willen zur Macht, der ewigen Wiederkunft des Gleichen bis zum Übermensch…, ah, ...wie sehr ich diese goldene Glühbirne schätze und diese verehre. Euphorie!, dass ich das Ende des Ariadne-**Fadens gefunden** habe und Pathos zugleich, dass ich erst jetzt finde, wonach ich gesucht habe. Es läuft das Rad des Schicksals, **als** ich mich mit dem Ansatz der Wiederkunftslehre bereits mit dem sechzehnten Lebensjahr aus inneren Erfahrungen angefreundet **habe,** ohne den großen Namen zu kennen. Das Rad wiederholt sich, als ich mich während des Nietzsche-Seminars wieder in **das** Schwergewicht vertieft habe. Davon ahnten bereits die vorsokratischen Philosophen Anaximander und Heraklit, dass das Leben sich ständig wiederholt, ohne Anfang, ohne Ziel. Leben – sollte so gelebt werden wie es ist; sollte nicht nur positiv eingeschätzt werden, wenn man es in einer moralischen Richtung hin entwickelt; dem Leben sollte vorbehaltlos zugestimmt werden. Damit existiert nur das, was schon existiert, aus dem heraus sich kein Sinn, keine Hoffnung und keine Erlösung verkündet. Irgendwie wiederholt sich ständig das Gleiche, nur in verschiedenen Formen, in verschobenem Zeit-Raum-Gefüge. Bejaht es. Leiden wird gelitten, Freude mit Tränen begossen. Oh, das ist das Lebendige, das freie Leben. Frei von Obsessionen, frei von ewigem Streben, frei vom Tod. Weil man es immer wiederholen will. Denn ist es schön, eigenes Schicksal zu lieben, wenn Selbstliebe und Anerkennung der eigenen Existenz sich vereinigen, in der Liebe zu dem, was notwendig ist.

>> Man muß vergehen wollen, um wieder entstehen zu können – von einem Tag zum anderen. Verwandlung durch hundert Seelen – das sei dein Leben, dein Schicksal: Und dann zuletzt: diese ganze Reihe noch einmal wollen<<

Friedrich Nietzsche

„Zufall des Lebendigen“ (30 x 30 cm, Öl auf Leinwand)

„Unter der Perspektive der Wiederkunftslehre verdankt sich alles Weltgeschehen dem Zufall, denn es besitzt weder Anfang und Ende, somit kein Ziel und keine vernünftige innere Ordnung, noch einen Sinn."

Friedrich Ahmad Mirshamshiri, Wien

Meine Nietzsche Erfahrung

Gepeitscht von den Wächtern der Seele, den treibenden Schafen und von den Moralpredigern, in die Askese und Selbstverleugnung getrieben, geirrt, entmündigt und vernichtet. So fühlte ich mich als ich gerade 15 Jahre alt war. Ich konnte nichts entscheiden, nichts anderes sagen, als es vorgegeben war; ich konnte nicht einmal Nicht-wollen. Ich war unter Millionen von anderen Schafen, aber fühlte ich mich seltsamerweise furchtbar einsam und traurig. Ein unheimliches und zu gleich fremdes Gefühl, das mir große Angst bereitete und das mich auch in meinem Schlaf verfolgte. Ich konnte diese Gefühle mit niemand teilen, ohne mein Leben, das schon ohne hin belastet war, zu belasten. Ich verspürte es in mir, dass meine Kraft gerade dafür ausreicht, mein augenblickliches Leben zu ertragen.

Umgeben von so vielen Schafen trete ich den immer schon betretenen Weg und dennoch fühle ich mich unsicher, schutz- und bodenlos. Welch eine Paradoxie, der ich mich gegenüber ohnmächtig fühlte! es ekelte mich vor allem, was war und vor mir selbst. Ich muss es gestehen, dass ich der Erde nicht treu war. Ich habe sie gegen den Himmel getauscht und so ließ ich meine Seele in sie begraben. Was meinen Leib anbetrifft, überließ ich ihn der Askese; nicht weil es mich glücklich machte; nein, weil ich dazu erzogen wurde, mich zu verleugnen.

Soll etwa mein Glück erst dann entstehen, wenn meine Leidenschaft zum Leben zu Grunde gerichtet ist und mein Wille geschwiegen hat!? Ist dies mein Schicksal, das ich bejahen sollte!? Nein, sagte ich zu mir. Ich will nicht, dieses Schicksal bejahen zu wollen oder zu müssen. Ich will zu einem Kinde werden, das auf dem Kamel sitzend, es zu führen im Stande ist.

Ich werde dann mein Schicksal bejahen, wenn ich es selbst in die Hand genommen habe; wenn ich bereit bin, es unzählige Male wieder erleben zu wollen und wenn ich es aus meinem Innersten schaffen kann, zu sagen *amor fati*.

Es ist sehr bitter, einsam zu sein. Und es gibt wohl einen großen Unterschied, ob man sich in die Einsamkeit begibt, um mit den Sinnen dionysisch zu sein oder aber einsam ist, weil man das Leben bereits verneint und es in Jenseits verlagert hat. Sich einsam zu fühlen, weil man nicht in seiner Natur sein kann, nicht mit der Masse mitlaufen will oder weil man der Erde treu bleibt.

Der berührende und inspirierende Inhalt eines Briefes war es, der meinen Gefühlen hier Ausdruck verliehen hat, dessen Schreiber ich als einer meiner großen Lehrer bezeichne, und dem ich mit großer Sehnsucht begegnet gewesen wäre. Ich rede hier von Friedrich Nietzsche, dessen Brief vom 5. August 1886 an Franz Overbeck gelesen habe, der mich ergriffen und viele Gefühle in mir erweckt hat. Als ich diesen Brief las- wo Nietzsche über sein Gefühl von Einsamkeit in einer für mich sehr berührenden Art spricht- hatte ich das Gefühl, als würde jemand aus meiner Seele heraus reden. Es war bereits zum zweiten Mal, dass ich Nietzsche für mich entdeckt und ihn zum ersten Mal in deutscher Sprache und in meiner neuen Heimat „Wien“ gelesen habe. Das erste Mal habe ich mich mit Nietzsche auseinandergesetzt als ich gerade 16 Jahre alt war und bedroht niederzugehen. Ich spreche von Nietzsches revolutionärem Werk „ Also sprach Zarathustra“. Von vielen Einzelheiten darin, die sehr inspirierend für mich waren. Zugegeben habe es oft lesen müssen, um verstehen zu können, worüber Nietzsche redet und was er damit meinen würde. Ich denke, heute sagen zu können, dass ich aus Nietzsches Schriften eine für mich gute und wegweisende Lehre habe ziehen können, worüber ich sehr erfreut bin.

Ich möchte mit einem Gedicht und einem Abbild eine meiner Malerei zu Ende kommen. Das Gedicht habe ich im Jahre 2001 in persischer Sprache niedergeschrieben und dann ins Deutsche übersetzt. Und die Malerei ist im Jahre 1989 entstanden.

Die Nacht

Es ist dunkel und kalt
Ich begebe mich in die Nacht;
Sie ist tief und warm,
ich ruh mich in ihrem Arm
und höre die Botschaft:
wach auf es ist nicht mehr Nacht!

Thomas Nawrath, München

Die Große Rhetorik im Drama der Seele

Die Menschheit ist in Bewegung. Ob sie fließt oder verfließt, das ist ein Streit der Geister. Vielleicht. Denn ob es Geister gibt, die hier oder gar sich streiten können, ist eigentlich schon die Antwort auf die Frage. Und so sind es die gefährlichen Vielleichts, die Nietzsche gleich zu Beginn von Jenseits von Gut und Böse von Platon zitiert, wenn er die Welt und die Dinge, die sich in ihr zeigen, immer wieder mit polemischen Zwingen in den großen Bogen einspannt.

Welcher Bogen dies ist? Es ist derjenige der großen Dinge: Leiden, Glauben und Macht – Philosophie, Religion und Politik.

Es sind die großen Dinge in Leben und Welt, die erst das Leben in die Welt hineinholen und die Welt beleben. Dinge erscheinen erst dort zu sein, wo Leben und Welt sich gegenseitig hervorbringen. Keines der drei kann ohne das andere sein – Nichts oder Alles. Die Dinge sind dann aber nicht am Dingen, wenn Welt lebendig wird und nicht etwa weltet. Vielmehr sind die Dinge dann energetisiert. Ihre Energie ist unbändig. Nichts liegt ihnen voraus und alles ist aus ihnen geworden. Sind sie gleich? Vielleicht. Vielleicht auch nicht. Sind sie bewegt? Vielleicht. Vielleicht auch nicht.

Diese Dinge sind. Nichts anderes ist. Aber wo sind diese Dinge? Wie sehen sie aus? Wer hätte sie schon einmal gesehen? Niemand. Und doch jeder. Nur nicht als Dinge. Ungesehen haben wir gelernt, die Dinge anzunehmen, so dass sich die Dinge in uns annehmen. Aber diese Annahme ist keineswegs so freundlich, wie es das Wort suggeriert. Denn untereinander sind die Dinge so komplex, dass sie zu Ganzheiten werden konnten, in denen sie sich selbst annehmen. Nicht alle Dinge sind so, soweit wir wissen können, sondern nur diejenige Dinge, die \`Wir´ sind. Wie konnte es zu derjenigen Komplexität kommen, die zur Annahme führte? Durch Gleichheit? Durch Unbewegtheit? Durch Sehen und Sicht? Vielleicht. Vielleicht auch nicht.

Sehen gibt es nicht unter den Dingen. Wenn die Dinge hätten sehen können, dann hätten sie niemals Unterschiede sehen können, die Unterschiede hätten hervorbringen können. Zumindest nicht als Gleiche. Sehen und Gleichheit schließen einander aus. Und wenn sie bewegt wären? Dann müssten sie verschieden bewegt sein – relativ zu einander, ohne doch ein Absolutes sehen zu können, nach dem sie sich hätten ausrichten können. Denn wenn sie gleich bewegt wären, wären sie relativ unbewegt. Und wenn sie ein Absolutes gekannt hätten, wären sie gleich gegenüber diesem als unter diesem. Gleichheit und Bewegtheit schließen einander aus. Wenn sie nun gleich wären, wie könnten sie dann so komplex werden, wenn es außer ihnen nichts gäbe? Gleichheit und Komplexität schließen einander aus. Es fragt sich also: Wie ungleich müssten diese Dinge sein? Wie ungleich muss das Leben in der Welt sein?

Ist es bewegt, dann ist es ungleich bewegt. In seiner Richtung oder in seiner Geschwindigkeit widersetzt es sich einander. Und in seinem Sehen ist es ungleich, wie es sieht und was es sieht, wie lange und wie viel und wie viel es davon vielleicht behält. Vielleicht. Vielleicht auch nicht.

Was heißt es eigentlich, wenn wir immer wieder nach dem Vielleicht fragen können? Vielleicht ist kein Sehen. Es ist auch keine Bewegung. Es ist eine Haltung im Medium der Sprache. Eine Stellungnahme vor jedem definitiven Stellen, das das Wir in seiner Repräsentation erneut repräsentiert. Diese doppelte Repräsentation ist der Sprung von der Bewegung zur Haltung. Sie ist der Sprung von all den Dingen zu all den großen Dingen – wie eben Philosophie, Religion und Politik.

Politik repräsentiert Macht, aber große Politik repräsentiert unsere Repräsentation von dieser Repräsentation von Macht. Sie ist die übermenschliche, im Medium der Sprache den einzelnen Menschen übersteigende Repräsentation von Macht, die die Dinge selbst beherrscht. Dinge, die `Wir´ sind, beherrschen Ding, die teilweise auch `Wir´ sind. Und Dinge die `Wir´ sind, repräsentieren für sich und repräsentieren selbst diese Macht. Dies nennen wir heute die Mächtigen oder die Machthaber. Aber welches sind die Dinge, die diese Repräsentation repräsentieren? Wer steht über den Dingen, die `Wir´ sind, wie `Wir´ über den Dingen überhaupt steht?

Diese Repräsentation ist in der Sprache. Sie ist aber nicht nur darin. Große Politik ist nicht einfach die Sprache. Aber auch sie findet darin statt. Sie findet in den Erzählungen statt, was den Mächtigen ausmacht, wie man ihn erkennen könne, was ihn stürzt(e) oder wie man ihm dienen soll. Aber auch all die anderen großen Dinge, die über dem einzelnen Menschen stehen, sind in der Sprache: Religion, Philosophie oder auch Kunst. All die Erzählungen, die uns auf sie ausrichten und für sie empfänglich machen, finden in der Sprache statt.

Sprache – und alles, was eine Erzählung tragen kann – repräsentiert unsere Repräsentation von den Dingen. Es ist so immer eine ästhetische Frage, wie das, was herrscht, immer auch uns beherrscht. Und wie die Sprache hierzu die Rhetorik kennt, die sie mächtig, glaubhaft, schön oder wahrscheinlich machen kann, so ist der Gedanke an eine Große Rhetorik nur naheliegend, um zu verstehen, was die großen Dinge wirklich zur Größe bringt. Sokrates späte Einsicht, er hätte dem Gott Apollon Lieder und nicht Streitgespräche opfern sollen, um die Seele auf das ewige Leben vorzustimmen, teilt diesen Zug zur Ästhetik. Platon und Nietzsche finden in dem, was als Große Rhetorik gefasst wurde, beide den letzten Schlüssel zum Drama der Seele. Einander völlig entgegengesetzt als die äußersten Denker von Einheit und Differenz, der logomorphen Idee des Guten und den paradoxen Machtquanten, finden sie beide den Nullpunkt menschlicher Existenz in den narrativen Dimensionen, die wir uns selbst einander hinterlassen haben und ständig geben: Macht, Glauben, Schönheit und Wahrheit – Geschöpfe der großen Erzählungen. Dies ist einer der Gedanken, zu denen mich meine Lektüre von Jenseits von Gut und Böse angeregt hat.

Christiane Pohl, Hamburg

Gesundheit an sich gibt es nicht…

Herr H. klingelte ungestüm und noch im Flur stehend rief er: „Mein Psychiater will meine Dosis raufsetzen – er versteht mich überhaupt nicht!“ Er war völlig außer sich. Die Stirn war schweißnass, er zitterte am ganzen Körper.

Ich kenne Herrn H. inzwischen recht gut. Er kommt in unregelmäßigen Abständen in meine Philosophische Praxis, um mit mir seine Probleme, aber auch seine Gedanken zu besprechen. Seit Jahren leidet er an einer Psychose. Die Auseinandersetzung mit ihr führt immer wieder zu Fragen, die auch Philosophen stellen: Was ist Wirklichkeit? Wie frei ist unser Handeln? Oder auch: Wie können wir Gott wahrnehmen?

Ich bin immer wieder tief bewegt, mit welcher Intensität er diese Fragen stellt. Obwohl die Gespräche für mich nicht einfach zu führen sind, liebe ich sie. Denn selten wird so rückhaltlos, mit dem ganzen Einsatz der Person philosophiert wie mit ihm. Wenn wir einen guten Gedanken gefunden haben, der ihn weiterbringt, fühlt er alles Schwere von sich fallen. „Ja, jetzt bin ich frei wie ein Vogel“, sagte er vor längerer Zeit.

An diesem Tag aber schien ein ungeheurer Druck auf ihm zu lasten. „Warum will er die Tablettendosis erhöhen?“ fragte ich ihn, sobald wir im Praxisraum standen – an Sitzen war nicht zu denken. „Sind wir unbeobachtet?“ fragte er zurück – wie eigentlich immer. „Hier ist doch Ihr Sils-Maria“, antwortete ich und griff damit das auf, was er selbst einmal gesagt hatte, „hier ist alles gut.“ Friedrich Nietzsche war im Laufe der Jahre immer wieder wichtig für unsere Gespräche gewesen. „Nietzsche ist mein Bruder“, sagte er einmal. „Warum?“ „Weil er viel mehr Wirklichkeiten kennt als Otto-Normalmensch.“

Nietzsche schien mir auch dieses Mal der Rettungsanker zu sein. Denn Herr H. erzählte mir, dass er wieder vermehrt Stimmen hören würde, aber – wichtig! – das als seine eigenen Stimmen erkennen würde und auch keine Angst hätte. „Der Psychiater hört nur: mehr Stimmen! Also: Dosis rauf! Er versteht mich nicht.“ Dass die Einmaligkeit seiner Person und seiner Krankheit nicht wahrgenommen wurde, schien heute das Hauptproblem zu sein. Er fühlte sich gedemütigt.

Ich griff zur Fröhlichen Wissenschaft, fand, was ich suchte – den Aphorismus 120 – und begann ruhig vorzulesen, während Herr H. mit großen Schritten den Raum durchwanderte:

Denn eine Gesundheit an sich gibt es nicht, und alle Versuche, ein Ding derart zu definieren, sind kläglich missraten. „Gesundheit an sich“, murmelte er, „ich fasse es noch nicht ganz… Bitte nichts erklären. Weiter!“

Es kommt auf dein Ziel, deinen Horizont, deine Kräfte, deine Antriebe, deine Irrtümer und namentlich auf die Ideale und Phantasmen deiner Seele an, um zu bestimmen, was selbst für deinen Leib Gesundheit zu bedeuten habe.

„Ja, das ist schön gesagt. Es fühlt sich so“, er schwieg länger “… so weich an. Als ob jemand tatsächlich meine Irrtümer – und ich habe viele gehabt – oder meine Ideale ernst nimmt. Darüber will ich später noch weiter nachdenken.“ Er machte sich Notizen.

Somit gibt es unzählige Gesundheiten des Leibes, und je mehr man dem Einzelnen und Unvergleichlichen erlaubt, wieder sein Haupt zu erheben, je mehr man das Dogma von der `Gleichheit der Menschen´ verliert, umso mehr muss auch der Begriff einer Normal-Gesundheit, Normal-Diät, Normal-Verlauf der Erkrankung (hier war Herr H. wie elektrisiert) unseren Medizinern abhanden kommen. Und dann erst dürfte es an der Zeit sein, über Gesundheit und Krankheit der Seele nachzudenken…

„Das reicht“, rief er. „Danke! Was für Worte! Eine wahre Heilquelle!“ Dann warf er mir ein Honorar auf den Tisch und rief: „Wird schon irgendwie stimmen!“

Wie er sich mit seinem Arzt arrangiert hat, weiß ich nicht, er ist noch nicht wiedergekommen. Aber dieses Erlebnis war das wunderbarste, da ich mit Friedrich Nietzsche je hatte. Denn Nietzsche hat mit seinen Worten einen Menschen aus großer existenzieller Not befreit, sie waren Balsam für seine Seele und haben zugleich seinen Geist beflügelt.

Christina Popp, Würzburg

Mein Leben mit Nietzsche

Nietzsche ist für mich seit meiner ersten Begegnung mit seinem Werk ein Fass ohne Boden. Ein Mensch mit vielen Facetten. Ich versuche sein Leben und sein Werk aus verschiedenen Sichtwinkeln zu betrachten. Er begleitet mich als in Samt gebundene„Gesammelte Werke“, als Einleitung einer Klausur in Volkswirtschaftspolitik, als jemand, dessen Namen viel zu viele Leute falsch schreiben.

Mit Nietzsche wurde ich zum Übermensch – zunächst unglaublich arrogant, menschenverachtend und dem Leben gegenüber mies gelaunt. Später interpretierte ich diesen für mich neu. Zeichnet es mich nicht eher aus, wenn ich dem Menschen Liebe gegenüber bringe? Und was ist damit, dass ich werden soll, wer ich bin? Kann ich die Wahrheit finden, wenn ich davon ausgehe, dass meine Ansichten diese bereits treffend beschreiben? Oft dachte ich, Nietzsche jetzt vollständig verstanden zu haben und jedes Mal fand ich wieder eine neue Perspektive in seinen Texten. Eine andere Interpretation, die mich weiterbrachte, mit mir selbst und dem Leben. Dass es nicht nur mir so geht, merke ich, wenn ich lese, was andere über ihn denken. Wenn er in anderen Büchern auftaucht. Wenn wir des Abends sitzen und diskutieren. Und man am Ende nicht weiß, ob Nietzsche nun das Leben und den Mensch bejahte, oder doch die negativ denkende, in den Abgrund blickende mit dem Nichts verschmolzene gescheiterte Person ist.

Was ich daraus gelernt habe? Dass ich frei bin. Auch in der Philosophie. In der Literatur. In meinem Denken und Handeln. Ich kann wählen. Die Wahrheit hat viele Facetten. Gut und schlecht sind subjektiv. Ich darf mir aus verschiedenen Philosophien Gedanken herausnehmen und daraus mein eigenes Weltbild basteln. Ich darf aber auch selber zum Philosophen werden. Ich bin nicht dem Zwang unterworfen der Sekundärliteratur zu glauben. Ich muss nicht immer nach den Regeln der Strengen Logik argumentieren. Und ich brauche nicht zwingend einen roten Faden. Das Sein, das Leben, der Mensch ist nicht in ein philosophisches Weltbild oder einen festen Rahmen zu fassen. Nietzsche hat mir zahlreiche Aspekte vor Augen geführt. In Einklang oder Widerspruch zu dem was er schrieb oder war habe ich zu einem zufriedenen und oft auch glücklichen

Leben gefunden. Oft würde er mich wohl verachten für die Freiheiten, die ich mir auch im Denken gewählt habe. Die Freiheiten, die ich für mich, mein Leben gewählt habe. Aber sicher müsste er sich nicht grämen, dass ich sein Werk nicht genügend estimiere. Vielleicht wäre er erfreut über meine zündenden Reden darüber, dass die Menschen heute nicht mehr denken wollen und darüber, dass ich immer versuche, meinen Verstand und Intellekt zu nutzen. Träfe ich ihn heute und ließe er sich zu einem Gespräch mit mir herab, würde ich wohl mit ihm über „Generation Doof" diskutieren. Ich würde ihm danken, dafür, dass ich mit ihm einer Meinung bin und dafür, dass ich ihm widerspreche. Ich würde meine Migränetabletten mit ihm teilen und mich mit ihm gemeinsam ärgern, dass sie einem das Denken erschweren und das Hirn in Watte packen.

Raphael Rauh, Freiburg

Mein Nietzsche ist Nietzsche als Erzieher

Zur Erziehung. – Allmählich ist mir das Licht über den allgemeinsten Mangel unserer Art Bildung und Erziehung aufgegangen: Niemand lernt, Niemand strebt darnach, Niemand lehrt – die Einsamkeit ertragen.
(M – S. 270)

...aus einer lustigen Laune heraus könnte sich jemand fragen: Was kann Philosophie für den Menschen in unserer Zeit noch bedeuten? „Unsere Zeit": beharrliches Röcheln morscher fauligbunter Dekadenzsymptome, fröhlichfreche letzte Menschen, Gedeihen von Unkultur, uneingeständiger Nihilismus überall und so fort. „Philosophie": Die gerne geduldete, da den Betrieb aufrechterhaltende babylonische Sprachverwirrung ist gleichzeitig die Ermöglichung der Tatsache, dass Philosophie zum dialogisch inszenierten, geistreichen Monolog verkümmert und außerdem die Gemütsruhe stiftende Basis für die gewissenhafte Gedankenproduktion im stillen Kämmerlein. Durch langsam gerinnenden, mit einer Brise allzumenschlicher Umstände gewürzten Zufall gehört man bald einer Schule an und käut gewisse geschichtlich bedeutende Perioden als „Hegelianer" oder „Kantianer" etc. wieder und befindet sich schnell jenseits des von Nietzsche konzipierten Philosophiebegriffs[1]. Außerdem wurde nach „Bedeu-

[1] „Und zuletzt in aller Welt: was geht unsre Jünglinge die Geschichte der Philosophie an? Sollen sie durch das Wirrsal der Meinungen entmuthigt werden, Meinungen zu haben? Sollen sie angelehrt werden, in den Jubel einzustimmen, wie wir's doch so herrlich weit gebracht haben? Sollen sie etwa gar die Philosophie hassen oder verachten lernen? Fast möchte man das letztere denken, wenn man weiss, wie sich Studenten, ihrer philosophischen Prüfungen wegen, zu martern haben, um die tollsten und spitzesten Einfälle des menschlichen Geistes, neben den grössten und schwerfasslichsten, sich in das arme Gehirn einzudrücken. Die einzige Kritik einer Philosophie, die möglich ist und die auch etwas beweist, nämlich zu versuchen, ob man nach ihr leben könne, ist nie auf Universitäten gelehrt worden: sondern immer die Kritik der Worte über Worte." (UZB III - S. 417) Vergleiche ferner auch in *Ecce Homo*: „(...) wie ich meinen Begriff „Philosoph" meilenweit abtrenne von einem

tung“ gefragt: Nichts hat Sinn, alles ist banal. Nach Sinn fragen ist peinlich, philosophieren wertlos, weil der denkende Hammer einst beim zu energischen Ausholen das Rückrat brach. –

Gibt es eine dem so begegnenden Leben adäquate Lebensform, die in der hyperionisch bereichernden Möglichkeit auf- und untergeht, ohne unredlich zu sein?

...Nietzsches Werk ist auch anthropologisch gelesen unendlich ergiebig: Was ist also schließlich der „Mensch“? Mensch sein bedeutet immer gleichzeitig Mensch werden:

Der „Mensch“ ist - richtig verstanden – ein Prozess, Projekt – anders: nur Tier. – Der Mensch ist etwas Ideales und ohne eine Idee von sich der ewig trübe Schatten seiner selbst.

Nietzsche weiß, dass eine verhältnislose Einsamkeit[2] das Schicksal der Mörder Gottes ist und zugleich der unheimliche „Ort“, an dem man werden kann, der man ist. Das ehemals innigste Erleben des bergenden Anderen in Dankbarkeit und Liebe wird zur Erfahrung der gähnenden, verhöhnenden Leere, des Nichts[3].

Begriff, der sogar noch einen Kant in sich schliesst, nicht zu reden von den akademischen „Wiederkäuern“ und andren Professoren der Philosophie: darüber selbst gibt diese Schrift [Schopenhauer als Erzieher; R. R.] eine unschätzbare Belehrung, zugegeben selbst, dass hier im Grunde nicht ‚Schopenhauer als Erzieher’, sondern sein *Gegensatz*, ‚Nietzsche als Erzieher’, zu Worte kommt. –“ (EH – S. 320)

2 „Einsamkeit“ ist in Nietzsches Werk ein in unzählbar vielen Schattierungen beschriebenes und durchdachtes, heterogenes Phänomen. Hier eine unvollständige Wiedergabe der Aphorismen, die explizit das Phänomen der Einsamkeit thematisieren und die folgenden Überlegungen speisen: *Aus der siebenten Einsamkeit* (FW – S. 545 f.); *Der Einsame* (FW – S. 360); *Wer ist denn je allein!* (M – S. 205); *Nicht entsagen!* (M – S. 269); *Gehen wir vorüber!* (M – S. 284); *Ferne Perspectiven* (M – S. 288); *Auch deshalb Einsamkeit* (M – S. 290); *In der Einsamkeit* (FW – S. 502); *Einsamkeit lernen* (M – S. 156); *Verdunkelung des Himmels* (M – S. 230); *Der Einsame spricht* (WuS - S. 641). Im *Ecce Homo* schließlich bezeichnet Nietzsche seinen *Zarathustra* insgesamt als einen „Dithyrambus auf die Einsamkeit“ (EH – S. 276). Dabei fällt auf, dass viele zentrale Gedankenkonstellationen Nietzsches – etwa die vom „Freigeist“, „Pathos der Distanz“, „Herdenmoral, „Mitleidsmoral“ etc. – ihre sachliche Konkretisierung durch seinen Einsamkeitsbegriff erfahren.

3 Im Nachlass Nietzsches findet sich folgende Notiz: „Das Problem der Einsamkeit mit und ohne Gott – dies Beten, Danken, Lieben verschwendet ins Leere.“ (zitiert nach Scheier *1988,* S. 306)

Ist Einsamkeit eine gesellschaftliche „Krankheit“, wenn der Mensch doch unleugbar ein *zoon politikon* ist? Ist die Flucht vor und Ignorierung der Einsamkeit, wie sie unsere Gesellschaft und ihre gesandten Priester[4] propagieren, nicht die Verhärtung und Verstärkung dieser Krankheit, oder eine andere, weitere Krankheit, die eigentliche vertrackte Verwirklichung?[5] In der Einsamkeit liegen die Wunden, die die Menschheit sich im Laufe ihrer Werdung[6] zugefügt hat, empfindlich offen; in ihr lassen sich schlecht vernarbte Wunden inspizieren, das ‚Labyrinth der Brust' behutsam ergründen. Was bleibt abseits der Herde, wie viel hat man von sich in der Hand? Einsamkeit ist ein namenloser Abgrund, dessen lauernde Gefahr die Vereinsamung ist, zugleich allerdings die Chance par excellence, seiner großen Vernunft und ihrer Möglichkeit in diesem unergründlichen Leben nachzuspüren.[7] Aber wer will denn schon begreifen, was der gottlose Mensch sein könnte? Die heillose Furcht und unbedingte Flucht vor diesem unerträglich unverstehbarem Phänomen lässt artifizielle Früchte wuchern en masse, deren Nährboden das entlastende sich Wegwerfen ist. Das Leben in künstlichen Paradiesen verachtet die Trockenheit der Wüste und verbaut sich dadurch den Weg zum Menschen. Einsamkeit ist nur solange ein menschenunwürdiger Zustand, solange sie die verzerrte und ignorante Flucht vor dem Selbst provoziert, solange sie nicht als produktives Verhältnis zu sich selbst ausgelegt wird. Wie? wenn einem zu verlassener Stunde etwa auffiele, dass unsere Sozialität sich in ihren weitesten Zügen als ein profanisierter Götzendienst entpuppt? – In der Einsamkeit wird spürbar, wie billig man sich, das potentielle Selbst, täglich auf den Markttisch wirft, sich

---

[4] In mitleidsvoll seichtem Jargon gibt es mannigfaltige Ratschläge verschiedener (Sozial-) Psychologien, die einem zeigen, wie man seine Einsamkeit überwinden kann.

[5] Es steht fest, dass Nietzsche äußerst selten „gut“ von Gesellschaft denkt. Sie ist fast durchgängig der Sammelbegriff für das schlechthin Negative, Verwerfliche, Schwächliche, Schändliche am Menschen. „Wo die Einsamkeit aufhört, da beginnt der Markt; und wo der Markt beginnt, da beginnt auch der Lärm der grossen Schauspieler und das Gewirr der giftigen Fliegen.“ (Z – S. 65)

[6] Vergleiche hierzu insbesondere die Zweite Abhandlung der *Streitschrift Zur Genealogie der Moral.*

[7] Nietzsche unterscheidet in seinem *Zarathustra* und *Jenseits von Gut und Böse* eine gute von einer schlechten Einsamkeit. (Vgl. Z - S. 80 – 83; JGB – S. 42-43) Er hat in seinem Werk immer wieder beide Seiten, die sich nicht ausschließen, sondern vielmehr wechselseitig durchdringen, als solche eindringlich in Sprache gefasst (hierzu etwa auch UZB III - S. 353 ff.).

verhandelt[8]. Der Einsame weiß schließlich auch, wie schwer es ist, sich selbst zu suchen, selbstsüchtig zu sein.

Die Suche, die Sucht nach dem Selbst: man hat sie bisher tierisch missverstanden. Es gibt ja wahrlich Krankheiten unterschiedlichster Natur![9] Das Projekt Mensch im nietzscheschen Sinne zehrt von seiner Krankheit. Wenn das Brückentier dies erkennt, dann lebt es in der bestmöglichen Gesundheit. Der Herdenmensch will von diesem verhöhnenden Schicksal partout nichts wissen und stürzt sich in ein teuer erkauftes Behagen...

Einsamkeit muss also verstanden werden als die Möglichkeit der innigsten Konzentration auf das je einzelne Selbst[10]. Die Schwierigkeit, sich selbst zu gebären ohne Grund, aus dem bannenden Schlund dieser finsteren Leere lebendige Funken zu schlagen, ist ein anderes Problem.

Im Aphorismus *Die Idealische Selbstsucht* aus der *Morgenröte* (M – S. 322 f.) wird – pragmatisch gesprochen – gleichermaßen eine Methode vorgeführt, wie man mit den „in der Wüste" potentiell sich rührenden und wachsenden Keimen umgehen soll. Nietzsche leitet mit der Frage ein, ob es einen weihevolleren Zustand als den der Schwangerschaft gebe und schildert in heller und sublimer - dezidiert unweltlicher - Sprache das Verhalten einer Schwangeren. Die Schwangere ist Symbol für das unergründliche Sichselbstschaffen des Lebens. Und welcher geistvolle Lebensträger verspürte in seinen stillen Stunden nicht die

---

8 „Die Eitlen. – Wir sind wie Schauläden, in denen wir selber unsere angeblichen Eigenschaften, welche Andere uns zusprechen, fortwährend anordnen, verdecken oder in's Licht stellen, - um *uns* zu betrügen." (M - S. 249)

9 Nietzsche spielt womöglich mit diesem tragischen Widerspruch (also dem, das man nur durch selbsterwähltes Leid „zu Etwas" wird), wenn er im *Zarathustra* – das Goethegedicht *Selige Sehnsucht* nüchtern umwertend – die ‚Selige Selbstsucht' preist (vgl. Z – S. 239). „Sucht" leitet sich bekanntlich aus dem mittelhochdeutschen „suht" ab, was vor allem „Krankheit" bezeichnete. Und wahre Selbstsuche, die „Schweigsamkeit der Schwangerschaft" (M – S. 157), gibt es nur in der Einsamkeit...

10 Zarathustra der Gottlose darf sie im Kapitel *Die Heimkehr* auch seine Heimat nennen: „Oh Einsamkeit! Du meine *Heimat* Einsamkeit! Zu lange lebte ich wild in wilder Fremde, als dass ich nicht mit Thränen zu dir heimkehrte!" (Z - S. 231) Es wäre eine spannende, explizit „philosophische" Aufgabe, näher zu untersuchen, wie Nietzsche versucht, den Begriff der „Einsamkeit" der mittleren Epoche (vgl. Scheier *1988*, S. 304) nach dem Tod Gottes umzudenken, neu zu beleben. Fraglos ist, dass Nietzsche diesem „Ort" in Hinsicht auf das göttliche Projekt der Menschwerdung unermessliche Bedeutung beimisst.

drängende Stimme des Gewissens, die fordert, dem Leben zu halten, was es einem verspricht? –

„Ja“ zum Leben sagen – wenn das so leicht wäre, beziehungsweise, wenn das so ergiebig wäre, wie es theoretisch klingt: „Ja“ leben – darauf kommt es an! Und dazu bedarf es, auch wenn es weh tut, des Geistes[11]. Sonst hat es schließlich doch keinen wert… –

Philosophie heißt Liebe zum Leben; und dazu kann unmittelbar keiner besser erziehen als Nietzsche.

---

[11] „Geist ist das Leben, das selber in’s Leben schneidet: an der eignen Qual mehrt es sich das eigne Wissen, – wusstet ihr das schon?“ (Z – S. 134; ferner auch Z – S. 312)

Otto J. Reigl, München

Friedrich Nietzsche – Ein Sprachkünstler

Ecce homo

Ja! Ich weiss, woher ich stamme!
Ungesättigt gleich der Flamme
Glühe und verzehr' ich mich.
Licht wird Alles, was ich fasse,
Kohle Alles, was ich lasse:
Flamme bin ich sicherlich.

Die fröhliche Wissenschaft, Nr. 62; 3, 367

So treffend charakterisiert sich Nietzsche selbst und diese wenigen Zeilen mögen als Ausgangspunkt genügen, um das besondere und einzigartige dieses großen Philosophen darzustellen.

Das Außergewöhnlichste an diesem Denker ist seine Sprache.

Keine trockene Gelehrtenprosa langweilt den Leser, sondern stets bedient sich Nietzsche eines packenden und schwungvollen Stils.

Nicht einschläfernd, sondern mitreißend spricht Nietzsche zu uns. Stets bevorzugt der große Denker Bilder – wie hier die flackernde Flamme – um uns sein Denken und Wesen mitzuteilen.

Immer scheint es sich bei Nietzsche um gesprochene Sprache zu handeln, so dass man als Leser niemals den Eindruck gewinnt, dass man schon von Ferne das Papier rascheln hörte. Fast nie klingt Nietzsches Sprache antiquiert und verstaubt.

Als der deutsche Aphoristiker par excellence (neben Georg Christoph Lichtenberg) ist Nietzsches Sprache brilliant und prägnant, knapp und klar, sowie von einer großen Plastizität und Anschaulichkeit geprägt.

Der Stil des großen Philosophen lebt – wie hier eindrucksvoll gezeigt werden kann – von pointierten Zuspitzungen („Alles...fasse, Alles...lasse") sowie von bildhafter Kontrastierung („Licht...Kohle").

Nicht selten leuchtet in der epigrammatischen Kürze und in der glanzvollen Rhetorik der studierte Altphilologe Friedrich Nietzsche auf.

Aber all das ist nicht l'art pour l'art.

Nietzsche ist nicht Stilist um seiner selbst willen, sondern weitgespannt ist sein philosophisches Oeuvre.

Nicht nur zu Fragen der Metaphysik und der Moral äußert er sich, sondern auch und gerade Fragen der Kultur und besonders der Musik interessieren ihn brennend.

Typisch für Nietzsche ist, dass er sich jedweder Systematisierung und Kategorisierung entzieht. In keine Schublade passt sein geräumiges Denken. Gerade diejenigen, die Nietzsche inhaltlich verengen und festlegen wollen, missverstehen ihn gründlich.

Gleichwohl soll nicht verschwiegen werden, dass Nietzsches Denken Fallstricke für all diejenigen bereithält, die in eklektischer Manier einige geflügelte Worte (wie „blonde Bestie", „Willen zur Macht", „Sklavenmoral", „Gott ist tot", „Umwertung aller Werte" usw.) in ihr bescheidenes Denken implantieren wollen.

Wer Nietzsche auf einige wenige Schlagworte verengt, verkennt ihn völlig.

Derjenige jedoch, der Nietzsche als ganzes betrachtet, wird in ihm viel eher den Analytiker und Diagnostiker, eventuell auch den Prophet und Seher des 20. Jahrhunderts erkennen als in ihm einen Propagandisten totalitärer politischer Ideologien (Faschismus / Nationalsozialismus) zu erblicken.

Zumal Nietzsche selber geschrieben hatte: „Zur Humanität eines Meisters gehört, seine Schüler vor sich zu warnen." (Morgenröthe Nr. 447; 3, 271)

Letztlich vermag Nietzsche aufgrund seiner fulminanten Sprachbeherrschung und seines exzellenten Stils seine philosophischen Gedanken in hervorragender Weise auszudrücken. Die Lektüre seiner Schriften regt philosophisch Interessierte auch heute noch zu eigenen Gedanken an.

Was soll große Philosophie aber anderes als die Gehirne anderer Menschen anzuregen und mitunter auch einmal aufzuregen?

Resümierend eignet sich auch heute noch Nietzsches Lektüre aufgrund ihres gewaltigen Assoziationsreichtums als grandioser *Gedankenkatalysator*.

Denn um seine Gedanken auszudrücken, bediente sich der Sprachkünstler

Friedrich Nietzsche eines Vehikels – nämlich seines ausgezeichneten Stils – so dass man möglicherweise doch nicht umhinkommt ihm zuzustimmen, als er einmal meinte: „Man wird einmal sagen, dass Heine und ich bei weitem die ersten Artisten der deutschen Sprache gewesen sind.“ (Ecce homo, Nr. 4; 6, 286)

Daniel Rimsl, Regensburg

Mein Nietzsche

„Diese ganze Erörterung hält daran fest, dass […] die Musik selbst, in ihrer völligen Unumschränktheit, das Bild und den Begriff nicht braucht, sondern ihn nur neben sich erträgt." (Geburt der Tragödie, Kap. 6) So charakterisiert Nietzsche in „Die Geburt der Tragödie" das Verhältnis der apollinischen Illustration – mit Worten wie mit Bildern – zur illustrierten dionysischen Musik. Wenn auch Nietzsche selbst in seinem *Versuch einer Selbstkritik* viele seiner Ausführungen zur Tragödie relativiert haben mag, so scheint obige Überlegung zur Musik – zum Volkslied wie zur Oper – besonders unter einem Gesichtspunkt höchst bedenkenswert, der erst etwa 100 Jahre nach Nietzsche Relevanz gewinnen konnte: das Musikvideo und sein Verhältnis zur „verbildlichten" Musik.

Nietzsches Zeit war die Kunstform des Musikvideos oder Videoclips freilich völlig fremd, und erst der Aufstieg des Fernsehens zum flächendeckenden Volksmedium wie auch das Entstehen einer einflussreichen Musikindustrie, die wie jede andere Sparte der Reklame bedarf, ermöglichten erste Vorstufen des späteren Videoclips. Sie waren schlicht Ausdruck einer Notwendigkeit der Industrie, einen Musiker einem breiten Publikum zu präsentieren, um seinen Tonträgern einen hohen Absatz zu ermöglichen; der „Star" konnte nun in der Tat nicht überall sein, und so schritt man dazu, die Lieder in möglichst vollendeter Form zu illustrieren, um den Künstler natürlich auch in einem möglichst guten Lichte erscheinen zu lassen. Die Musik „aus der Konserve" beschränkte sich fortan nicht mehr auf den Schall – wie auf Schallplatten –: auch mit Bild konnte sie nun überall in gleicher Qualität gezeigt werden.

Man hatte mehrere Möglichkeiten, die Musiker zu zeigen: Am nächsten lag die Aufnahme bei einem Auftritt vor Publikum; eine andere Möglichkeit war besonders beim deutschen Schlager der 60er Jahre sehr beliebt: das Singen und Herumgehen der Sänger in einem abstrakt, ja steril wirkenden Raum, „belebt" durch aufgestellte oder von der Decke herabhangende, plastische geometrische Figuren, Platten oder Rohre, der als Rahmen für die Darbietung dient und teils in dieselbe miteinbezogen wird. Die Kulissen atmen sehr den Geist der ihrer Entstehungszeit zugehörigen Betonarchitektur. – Den Grund für die Entstehung dieser Form darf man im wenig abwechslungsreichen Anblick eines musizierenden Menschen sehen, und die von der Musikindustrie immer gepflegte Art des reinen Schlagersängers, der keine Instrumente spielt und dadurch die Hände freihat, hat die Entwicklung begünstigt; es scheint sich aber auch bereits hier ein gewisses Bedürfnis an „Überhöhung“ zu zeigen, also nicht die reine (scheinbare) „Wirklichkeit“ eines spielenden Musikers darzustellen, sondern ein eigenes Kunstwerk zwar in beschränktem Maße, das aber dennoch für sich betrachtet sein will. – Beide Formen, der (mehr oder minder gestellte) Live-Auftritt – ich nenne diese Art den **performativen Weg** – wie die zweitgenannte Form der Schlagerillustration – der **abstrakte Weg**[1] –, haben einen Zweck: den Interpreten gleichsam zu den Musikkonsumenten ins Wohnzimmer zu holen.

Daneben entwickelte sich besonders gegen Ende der 60er Jahre der buchstäblich „illustrierte Schlager“, der den Text möglichst wortgetreu in Szene setzt.[2] Das oftmals fast naiv anmutende konsequente Abbilden der einzelnen Textkompartimente zeitigte Werke von fast rebusartigem Charakter, die „Apollinisierung“ – um es nach Nietzsche zu benennen – verbleibt auf der ersten Stufe, der Verwortung der Melodie, und erstarrt auf ihr im Bild. – Diesem **illustrierenden Weg** war denn auch keine große Zukunft beschieden, da er abstraktere Gedanken schwerlich abzubilden vermochte.

Die vielfach vertretene Ansicht, die Etablierung des Senders MTV im Jahre 1981 sei die Geburtsstunde des Musikvideos, ist – wie die vorausgegangenen Ausführungen erwiesen haben – zwar unzutreffend, ein bahnbrechendes Ereignis war sie dennoch: Der neue Sender bot erstmals ein Format, das das Musikvideo als eigene, fast durchgehend konsumierbare Kunstform kultivierte, und so konnte es sich in Richtungen entwickeln, die vielleicht in den Jahren zuvor zwar bisweilen schon zaghaft betreten worden waren, nun aber immer breiteren Zulauf fanden. – Ein Weg, der eine solche Richtung beschritt und die ungeahnt große Bedeutung der neuen Konsumkunst Video verdeutlicht, bildet die einzelnen Lieder oft mit ganzen Filmen im Kleinen ab, wenigstens aber mit einer einigermaßen zusammenhängenden Geschichte, die auf die illustrierte Musik bisweilen wenig Bezug nehmen; wegen seiner großen Affinität zum Kinofilm nenne ich diesen Weg der Videogestaltung den **cineastischen Weg**.

---

1 Die „Musikvideos“ dieser Art aus den 60er Jahren müsste man – zumal im Hinblick auf die weitere Entwicklung, in welcher der Computer die Schöpfung tatsächlich völlig abstrakter Videos ermöglicht – eigentlich als Mischform zwischen performativem und abstraktem Weg betrachten.

2 So zeigt die Verbildlichung der Verse „Hier ist ein Mensch, / Öffne ihm die Tür!“ aus Peter Alexanders „Hier ist ein Mensch“ zunächst einen Mann mit Hut – den Menschen – und sodann jemanden, der eine Tür öffnet.

Dem steht schließlich eine Kategorie gegenüber, die sich am wenigsten mittelbar in der „Geburt der Tragödie“ widerspiegelt. Der eben genannte cineastische Weg dürfte sich aus diesem entwickelt haben, und die beiden lassen sich oft auch kaum trennen: Während jener eben eine Geschichte erzählt, die manchmal höchstens ahnungsweise Bezug nimmt auf die Musik und den Text, bildet dieser weg die einzelnen Passagen des Liedes mit jeweiligen Bildern ab, allerdings nicht wie der illustrierende Weg textgetreu Wort für Wort, sondern – oft auch ohne Rücksicht auf den Text – in scheinbar zusammenhangsloser Folge eine Reihe mehr oder minder freier Assoziationen; er stellt als **assoziativer Weg** die fünfte Kategorie dar. Hier ist die Suche nach einer parallelen Traumerscheinung, wie sie Nietzsche schildert, am wenigsten verfälscht erkennbar: Zwar wurden bereits die Worte, der „Begriff“ über die Musik gelegt – der erste Schritt der Apollinisierung ist getan –, aber auch bei der Umsetzung fürs Auge wurde auf Grundlage der Musik nach Bildern „gerungen“, ganz gleich, ob die Bilder den Anreiz zum Bild geboten haben – es wäre der zweite Schritt der Apollinisierung – oder die Melodie mit der von ihr untrennbaren Instrumentierung – es wäre ein zum ersten paralleler erster Schritt –. Für den cineastischen Weg ist die Assoziation oft freilich unabdingbar: Es bedarf häufig einer Assoziation, die vom Lied ausgeht, um dazu das kleine Filmchen zu drehen. Und sehr oft setzt sich ein Video nach dem assoziativen Weg aus „erweiterten“ Assoziationen zusammen, also aus Sequenzen, die für sich genommen sehr kurze Filme sind, die auf eine größere Handlung allerdings meist weitgehend verzichten. – Als Beispiele seien hierfür das surreal anmutende Video zu „Fade To Grey“ von Visage aus dem Jahre 1981 genannt oder als aktuelles Video das zu „Love Is Noise“ von The Verve, das im eher dem performativen Wege folgenden Rahmen zahlreiche assoziative Sequenzen enthält, die sich wegen des fehlenden Zusammenhangs schon fast dem abstrakten Wege nähern.

Die reine verbildlichte Assoziation, die sich um keinen erzwungenen Bezug zum Text bemüht, ist für den Zuhörer und -schauer oft schwer nachvollziehbar. Aber ebenso schwer nachvollziehbar müsste es scheinen – wenn man davon ausgeht, dass die Melodie vor dem Text da war –, dass ein Lied einen bestimmten Text hat: Je mehr die Illustration – mit Worten wie mit Bildern – das Wesen der Melodie trifft, desto stimmiger wirkt sie auf den Hörenden und Schauenden, desto gelungener erscheint das Zusammenwirken von apollinischem Wort und Bild mit der dionysischen Musik.

Ulrich Rüger

Die Erfindung des Scharfsinns - Nietzsche und die Schule des Verdachts

Wer Nietzsche gerecht werden will, wird ihm nicht gerecht. Er entlockt dem Wort gerecht eine andere Bedeutung, einen anderen Klang, wie allen anderen Wörtern, deren Klang er verändert, der plötzlich, schneidend, verachtend, verurteilend, schmeichelnd, auftrumpfend, zart, verführerisch oder aufwiegelnd wird. In seinem Werk ist die Harmlosigkeit an ihr Ende gelangt, das hohle Pathos, so gut wie die Leidenschaftslosigkeit, die Parteilichkeit, so gut wie die Unparteilichkeit, die Schwärmerei, so gut wie die Sachlichkeit, der Tiefenschwindel, so gut wie die Bodenhaftung, die Phantasmagorie der Höhe so gut wie die Phantasmagorie des Gewöhnlichen. Unser unerschöpfliches Repertoire an verkleideten Sentimentalitäten wird vorgeführt, als abgeschmackt, als die Trostlosigkeit, von der es uns zu erlösen verspricht. Nietzsche reisst uns die angebliche Wahrheitsliebe vom Gesicht, als Maske, und zwingt uns Farbe zu bekennen. Aber welche? Der Autor des Satzes „Nie lügt der Mensch mehr, als wenn er sich empört", legt ein Werk vor, dessen Seele und innerster Antrieb die Empörung ist. Die Bandbreite des Wortes Lüge rangiert zwischen der Wertschätzung für die Rolle des Künstlers und Verachtung für den Christ und auch hier ließen sich weitere Verästelungen feststellen, Ausnahmen, Umwertungen, Richtungs- und Seitenwechsel, ein Hieb dort, eine Verneigung hier. Wozu das alles? Wäre es nicht einfacher zu sagen, wir lügen eben? Wir sind die Lüge selbst, wir zeigen uns in dem Versuch uns zu verbergen und verbergen uns in dem Versuch uns zu zeigen? Versöhnliche Töne liegen Nietzsche nicht. Zu offensichtlich liegt in dem Wort versöhnen, das Wort Sohn. Nietzsche aber ist besessen von seiner Originalität, ist besessen davon, sein eigener Ursprung zu sein. Sein Sendungsbewusstsein ist von der Art Gottfried Benns, der schreibt: "Ich rühre ja mit jedem meiner Sätze doch etwas laut an dem Schlaf der Welt und es schlief sich doch trotz zweier Weltkriege noch ganz gemütlich."? Die Idee, mit Worten am Schlaf der Welt rütteln zu wollen, ist nicht neu. Neu ist, dass die Worte, die am Schlaf der Welt rütteln wollen, von einem krankgeschriebenen Professor, in ungeheizten Pensionszimmern zwischen Migräneanfällen in die von der Schwester finanzierte Schreibmaschine gehämmert werden, oder im Lesesaal der British Library von einem arbeitslosen Journalisten, oder in einer großbürgerlichen Wiener Wohnung von einem namenlosen Privatdozenten nach einem zehnstündigen Arbeitstag.

Ich möchte die Denker von denen hier die Rede ist, Nietzsche, Marx und Freud die Schule des Verdachts nennen. Welchen Sinn kann es haben, Denker, die von ihrer Originalität besessen sind in einer Schule zusammenfassen zu wollen? Ist es wirklich ratsam Nietzsche, den Artisten-Metaphysiker mit seinem

Glaubensbekenntnis eines aristokratischen Radikalismus, mit den selbsternannten Naturwissenschaftlern Marx und Freud verbinden zu wollen? Die Schule des Verdacht betreibt eine Strategie der Polarisierung. Ihr Verdacht richtet sich nicht auf einen Sachverhalt, der falsch dargestellt würde, sondern auf die dahinter liegenden Motive, die als Ressentiment, als Verdrängung, als Rationalisierung, als Heuchelei et cetera entlarvt werden. Die Schule des Verdachts entlarvt das Bewusstsein als betrügerisch und korrupt. Der Betrug ist seine wahre Natur. Ökonomie, Macht, und Sex bestimmen nicht nur die Wirklichkeit, sie bestimmen ebenso ihre theoretische Reflexion und die aus ihr abgeleiteten Werte. Während die Einsichten Freud, Marx und Nietzsche für sich genommen unverkennbar sektiererische Züge haben stehen sie zusammen für die Konturen des Denkens der Moderne. Der Verdacht des Denkens der Schule des Verdachts richtet sich gegen die anderen: Der Enthusiasmus für die Geschichte für das was Freud Ätiologie nennt und Nietzsche Genealogie, ist der Enthusiasmus für die Geschichte der Anderen und identisch mit der Allergie {fn} gegen die eigene. Die eigene Geschichte bedroht die Phantasie sich in eine geschichtslose und wertfreie Sonde zu verwandeln, einen Spiegel.

Nietzsche schreibt in die Vorrede seiner Genealogie der Moral, vielleicht das bissigste Buch, das je geschrieben wurde: „Wir sind uns unbekannt, wir Erkennenden uns selbst: das hat seinen guten Grund. Wir haben nie nach uns gesucht — wie sollte es geschehen, daß wir uns eines Tages fänden? Mit Recht hat man gesagt: Wo euer Schatz ist, da ist auch euer Herz; unser Schatz ist, wo die Bienenkörbe unserer Erkenntnis stehen. Wir sind immer dazu unterwegs, als geborene Flügeltiere und Honigsammler des Geistes, wir kümmern uns von Herzen eigentlich nur um eins — „etwas" heimzubringen. Was das Leben sonst, die so genannten Erlebnisse angeht — wer von uns hat dafür auch nur Ernst genug? Oder Zeit genug? … Wir bleiben uns eben notwendig fremd, wir verstehen uns nicht, wir müssen uns verwechseln, für uns heißt der Satz in alle Ewigkeit: „Jeder ist sich selbst der Fernste" — für uns sind wir keine Erkennenden." Hat das "geborene Flügeltier, der Honigsammler" Nietzsche nicht etwas "vergessen". Nein wirklich nicht? Hat der Honigsammler Nietzsche nicht auch einen Stachel? Oh, doch, und was für einen, einen vergifteten mit Widerhaken, und ist nicht dessen ganz außerordentliche Virtuosität des Honigsammlers wahre Freude?

Die Schule des Verdachts lehrt eine Art zu denken. Ein Denken, dessen Ort nicht nur das Papier sein will, auf dem sich Wörter versammelt haben, sondern das für sich einen existentiellen Ernst beansprucht. Es ist der Ernst derer, die der

Sprache entkommen wollen. Die sich auf keinen Fall damit begnügen Literatur oder Philosophie zu produzieren. Die, die Aufgabe der Sprache darin sehen, Aufgaben zu lösen, nicht in der Sprache, sondern in der Realität des Menschen, die es zu verändern gilt. Existentieller Ernst heißt nicht nur der Sprache entkommen zu wollen, es heißt auch, dass der Wert des Menschen ein in Frage gestellter ist, es heißt auch, dass der Wert des Menschen zur Entscheidung steht. Die Schule des Verdacht verbindet eine ebenso verschiedene wie präzise Vorstellung davon, wie das aus der Konkursmasse der Religion geschlagene Kapital am besten anzulegen ist. Ob die Religion als Illusion oder Neurose betrachtet wird, wie bei Freud, als Form des Betrugs oder als Kinderkrankheit wie bei Marx oder als krank und unanständig wie bei Nietzsche. Fest steht: Was fällt, soll man stürzen!

Aber ist nicht das Christentum im neunzehnten Jahrhundert ohnehin erledigt? Erledigt durch eine neue Metaphysik der Wissenschaft, durch Darwin und Boltzmann, durch Bunsen und Röntgen? Ist es nicht erledigt durch die Jahrhunderte lange Parteinahme für eine angeblich Gott gewollte Ordnung, der ein Haufen konfuser Revolutionäre mit einer spontanen Revolte den Rest gibt? Jacob Burckhardt beschreibt den Zustand des Christentum im neunzehnten Jahrhundert so: „Junker, Advokaten und Sophisten sind die Hauptpersonen; man hat es mit einer allgemeinen Ausbeutung und dem größten Beispiel der Überwältigung einer Religion durch ihre Institute und Repräsentanten zu tun. Indem nun für Fortdauer und Orthodoxie nur noch rein polizeilich gesorgt wird, während sie den Mächtigen innerlich gleichgültig wird, kann man von demjenigen Institut, welches äußerlich weiter regiert, im Zweifel sein, ob es überhaupt noch eine Religion repräsentiere." Und wie um das Urteil Burckhardts zu bekräftigen wird Hegel 1802 in dem Text *Glaube und Wissen* das Christentum so charakterisieren, das „Gefühl, worauf die Religion der neuen Zeit beruht — das Gefühl: Gott selbst ist tot ..."

Und dennoch ab der Mitte des neunzehnten Jahrhunderts entstehen in deutschen Städte neogotische und neoromanische Kathedralen, wie Zitate einstiger Frömmigkeit. Lässt sich Frömmigkeit zitieren? Ist nicht die Schule des Verdachts die wahre Frömmigkeit des neunzehnten Jahrhunderts? Hält sie nicht den besinnungslosen Glauben an den Menschen fest, dessen Symptom Gott war? Sind ihre Werke nicht die neuen Kathedralen, fieberhaft errichtet aus Worten, im letztem geschichtlichen Augenblick, in dem Worte noch zählten. Fieberhaft errichtet aus dem zum Steinbruch gewordenen Glauben an das Wort, an die heilige Schrift. Denn wovon schließlich lebt die Schule des Verdachts, wenn nicht von dem Glauben an das Wort? Dem Glauben, es sei das Wort, das der Beziehung zwischen den Menschen eine Gestalt gibt. Aber welcher Art ist die Beziehung denen die Wörter Gestalt geben? Hat George Steiner nicht recht, wenn er vom metaphysischen Humanismus des Marxismus spricht? Ist nicht jede Mitteilung metaphysisch, die eine Gemeinschaft voraussetzt, die keine bloße Zweckgemeinschaft ist? Ist das Metaphysische an einem Diskurs wirklich der „Inhalt"? Wie komme ich auf die Idee, den anderen zu meiner Weltanschauung beglücken, gar verführen zu wollen? Das, was Marx und Freud für Naturwissenschaft halten, ist eine andere Strategie als die Strategie Nietzsches, und dennoch eine Strategie der Verführung. Ob ich dazu verführen will an die heilige Dreieinigkeit zu glauben oder an das Wertgesetz oder den Ödipus Komplex oder an den Willen zur Macht oder dazu, dass nur Protokollsätze gestattet seien, wie kommt es, dass ich das will? Ich glaube, dass ich recht habe, wie mein Kontrahent es glaubt, dessen Urteil ich mich ausliefere. Wozu, wenn nicht dazu, eine Einigkeit zu stiften, die Transzendenz voraussetzt. Eine Transzendenz, die heruntergespielt und ausgeblendet wird durch das Phantasma von Autonomie, Stärke, Einsamkeit, die zwischen Kitsch und Trostlosigkeit changierende Phantasie des Hochgebirgswanderers, gerade als ob auf dem Papier schon jemand abgestürzt wäre.

Jean Paul Sartre ist derjenige Autor, der am weitesten darin gegangen ist, die Entfremdung im Schreiben selbst zu suchen. Die Erfahrung mich selbst in meinem Innersten noch auf die anderen hin zu entwerfen und mir mich ohne ihn nicht vorstellen zu können, nennt er Scham, die er mit den Worten kommentiert: Mein Gesicht ist für die anderen da. Um wie viel mehr jenes Werk der Sprache von dem Lacan schreibt: „Betreibt hier nicht das Subjekt eine immer größere Enteignung des Seins seiner Selbst, betreibt hier nicht das Subjekt eine Enteignung seines Seins, von dem es endlich erkennt, daß es nie etwas anderes war als sein imaginäres Werk und das dieses Werk es um alle Sicherheit bringt? Denn in der Anstrengung, die das Subjekt unternimmt, es für einen anderen wieder aufzubauen findet es die grundlegende Entfremdung wieder, die es jenes Werk als ein anderes hat entwerfen lassen und die es schon bestimmt hat, ihm durch ein anderes entrissen zu werden." Diese Frage berührt den Herzmuskel der Lehre Nietzsches. Die Grenzen, die uns von den anderen trennen sind nicht nur nicht zuverlässig und stabil, sie haben den Charakter gefährlicher Membranen. Sie schützen uns nicht vor der bestürzenden und katastrophischen Erfahrung von den anderen überwältigt oder erobert oder vergiftet zu werden, wir sind es immer schon.

Nietzsches Besessenheit von der Idee seiner Originalität scheitert wie seine Strategie, vornehm sein zu wollen. Der Künstler und der Führer, die Nietzsche in seiner Person zu vereinigen versucht, sind keine Gestalten der Vornehmheit, sie sind Gestalten der Entfremdung, der sie zu entkommen versuchen. Die Anderen auf die der Künstler und der Führer sich entwerfen, strafen seine Autonomie lügen, so hoch sie sich auch über sie zu stellen versuchen. Wie die Schrift bei dem Leser angekommen nur Schrift ist und also nicht lebendig und also nicht echt, so ist die zum Leben gewordene Schrift nicht befreiend, sondern verurteilt an jene Vernunft zu appellieren, der Nietzsche zu entkommen hofft. Nicht der Inhalt der Schrift ist vernünftig, sondern ihre Form. Die von Nietzsche beschworene Ekstase des Dionysos verachtet den Text. Die Vernunft des Textes unterstellt die Kohärenz von Vergangenheit, Gegenwart und Zukunft. Die Ekstase, die Lust, der Rausch kennen nur eine Zeit, den Augenblick der Gegenwart — der verraten wird von der Schrift.

Die Schule des Verdachts versucht den Wert des Bürgers neu zu erfinden, der gottverlassen, grundlos und bodenlos sich der Produktion verschrieben hat. Der Wert des Menschen muss geschaffen werden, sagt die Schule des Verdachts, wir müssen endlich gesund werden, wir müssen endlich stark werden, wir müssen endlich aufwachen, unser Schicksal in die Hand nehmen und so weiter. „Der Mensch wird sich zum Ziel setzen, seiner eigenen Gefühle Herr zu werden, seine Triebe auf die Höhe des Bewusstseins zu heben, sie durchsichtig klarzumachen, mit seinem Willen bis in die letzten Tiefen seines Unbewussten vorzudringen und sich so auf eine neue Stufe zu erheben. Der Mensch wird unvergleichlich viel stärker, klüger und feiner, sein Körper wird harmonischer, seine Bewegungen werden rhythmischer und seine Stimme wird musikalischer werden. Die Formen des Alltagslebens werden eine dynamische Theatralik annehmen. Der durchschnittliche Mensch wird sich bis zum Niveau eines Aristoteles, Goethe oder Marx erheben. Und über dieser Gebirgskette werden neue Gipfel aufragen." Dieses Zitat von Trotzki verdanke ich George Steiners Autobiographie *Errata*, ebenso wie seinen Kommentar dazu: „Unsinn nicht wahr? Aber ein Unsinn um danach zu leben und zu sterben." Schade, dass die, die für diese Art Unsinn sterben, meist die anderen sind. Die für den Fortschritt in Sachen Höherentwicklung des Menschen entbehrlichen. Die noch nicht mal kapieren, warum sie unbedingt Aristoteles, Goethe, Marx oder Nietzsche gleichen sollen. Sollte sich hier die wahre Kluft auftun? Sollte die Kluft, nicht zwischen Schulen, Richtungen, Ideen verlaufen, sondern zwischen Schriftgläubigen und denen die es nicht sind? Zwischen solchen, die es vorziehen, sich das Leben von oben anzuschauen, um darüber zu reflektieren und solchen, die einen Beruf ausüben, eine Familie gründen, und sich der Erfahrung aussetzen, dass die so genannte Reflexion dabei eher weniger hilfreich ist?

Die Euphorie der Schule des Verdachts darüber, erkannt zu haben, was die Welt im Innersten zusammenhält, drängt dazu Wirklichkeit zu werden. Die Rhetorik der Ursprünglichkeit verlangt nach der Rhetorik der Befreiung. Ich erinnere mich gut, wie in der hiesigen Zeitung ein Journalist, von dem Besuch der Band Pink Floyd mit seinen beiden siebzehnjährigen Töchtern berichtet. Er habe, so schreibt er, versucht ihnen klar zu machen, was für ihn diese Musik, als er so alt war wie sie, bedeutet hätte: Sex und Drogen. Seine Töchter hätten überhaupt nicht verstanden, was er damit sagen wollte und ihn schließlich, so der Journalist, angeschaut, so wie er früher seinem Vater angeschaut habe, wenn er vom

Krieg erzählte. Der Sex, die Drogen, der Krieg: Verschiedene Versuche, um Zugang zu den verschüttet geglaubten ursprünglichen Kräften des eigenen Inneren zu bekommen. Verschiedene Versuche sich selbst los zu werden, sich zu befreien. Eine Transzendenz der Subjektivität zu erreichen. Die Töchter des Journalisten verstehen nicht, was Befreiung bedeutet, weil sie nicht verstehen was Ursprung bedeutet. Sie verstehen nicht, warum sie etwas anderes sein sollten, als das, was sie sind und sein werden, Menschen die ein Leben führen werden, das bestimmt ist von ökonomischen und sozialen Abhängigkeiten, unterbrochen von Vergnügungen wie dem Besuch des Pink Floyd Konzerts, dessen Genuss nur getrübt wird durch den von Sex und Drogen faselnden Alten.

Würde die Schule des Verdachts im Christentum nicht ein Feindbild sehen, sondern einen Spiegel, könnte sie in ihm ihr eigenes Gesicht erkennen. Was zeigt dieses Gesicht? Es zeigt, dass aus der Rhetorik des Ursprungs die Rhetorik der Befreiung folgt und dass aus der Rhetorik der Befreiung die Routine der Macht wird. Einer Macht deren Signum, nicht das Individuum ist, sondern die Institution. Nietzsche verkennt, dass der „Starke" niemals am mächtigsten allein ist, sondern nur dadurch, dass er sich mit den „Schwachen" gemein macht. Das Merkmal der Institution ist die Entmächtigung, Freud würde sagen die Kastration, derer, aus denen sie besteht. Die Schule des Verdachts entkommt nicht einer dualen Struktur. Diese duale Struktur ist christlich, ist moralisch, ist metaphysisch, sie ist das Christentum selbst. Wer die Alternative Himmel oder Hölle erfindet und damit Jahrhunderte lang die Menschen in Angst und Schrecken versetzt, ist der nicht hassenswert? Aber wer erfindet diese Alternative, haben nicht wir selbst sie erfunden ?

Welcher Idee verdankt das Christentum seinen Erfolg? Gott? Kann sich da jemand etwas darunter vorstellen? War Gott nicht schon in dem Augenblick erledigt als die Nachfolger der Meister der gotischen Kathedralen dazu übergingen, die nicht dem Publikum zugewandten Teile nicht mehr zu bearbeiten, deren Anblick, der bis dahin Gott vorbehalten war? Ist die Idee, der das Christentum seinen Erfolg verdankt, nicht die leibliche Auferstehung? Das Versprechen, du wirst ewig leben, so wie du bist, in deinem eigenen Körper? Was bedeutet das? Es bedeutet, dass der gewöhnliche Narzissmus des Menschen in einer Art bedient wird, die der Aufgabe einer Religion unmittelbar zuwider läuft. Es bedeutet, dass Gott überflüssig ist, dass ich selbst einer werden werde. Es bedeutet, dass sich der Mensch selbst vergötzt. Es bedeutet, dass das Christentum gar nicht daran denkt sich von der Körperlichkeit zu lösen, die es als Quelle der Sünde brandmarkt. Es überrascht nicht, dass das überfällige Christentum in das Visier der Schule des Verdachts gerät. Was empört die Schule des Verdachts am Christentum? Das perfide Hintertreiben der eigenen Lehre der Nächstenliebe, durch die Verteufelung dessen, was uns die Natur an Lust schenkt? Mitnichten. Die Schaffung eines vollkommenen Machtapparates im Zeichen der

Demut? Keineswegs. Der chronische Opportunismus gegen jede Art von Macht? Auch das nicht. Was lehrt denn die Geschichte des Christentums? Dass es nicht darauf ankommt, was geschrieben steht! Die Konturen der Schrift so Ehrfurcht erheischend auf dem Papier, verblassen in den Köpfen derer, die sie gegen die Wirklichkeit halten sollten. Verblassen? Sie treiben bizarre Blüten, im Zweifelsfalle, eher unappetitliche. Ist es ein Wunder, dass die Schule des Verdachts blind bleibt für diese Botschaft? Sie, die besessen ist von der Schrift, der eigenen heiligen Schrift.

Die Schule des Verdachts schreibt die Vergötzung des Menschen fort und holt sie auf den Boden der Tatsachen. Sie entlarvt den Menschen und seine Geschichte als von den Kräften bestimmt, die bis dahin für niedrig galten. Den Sex, die Macht, und die Ökonomie. In einem weiteren Schritt werden diese Kräfte zu solchen, die auch das, was darin der Stolz des Menschen gewesen ist, das Bewusstsein bestimmen. War die Botschaft des Christentums nicht: Wir müssen uns versöhnen? Und müssen wir das nicht wirklich? Versöhnen heißt zu akzeptieren, nicht sein eigener Ursprung zu sein. Unser Ursprung ist die Natur, der wir angehören. Wir sind der Fehler, den die Natur gemacht hat, wir sind, wie es Kierkegaard sagt, der Druckfehler der sich gegen seinen Text empört. Die Erde, sagt Nietzsche, ist krank, sie hat Mensch. Der Mensch ist erkrankt an Selbstherrlichkeit. Der Mensch? Nicht der Mensch, es ist der Mann, der an Selbstherrlichkeit erkrankt ist. Es ist der Mann, der der dualen Sichtweise, der der Gefangenschaft im entweder — oder, nicht entkommt, nicht entkommen kann, nicht entkommen will.

Selbstherrlichkeit verhindert Selbstbewusstsein. Freud lehrt uns, es ist der Andere, der uns die Augen für die Wahrheit öffnet. Die Tragik Freuds ist die Tragik der Schule des Verdachts, Freud glaubte sich von seiner eigenen Erkenntnis ausgenommen. Er musste sich von seiner Erkenntnis ausnehmen, weil er sonst nicht der Spiegel und Führer geworden wäre, der er glaubte sein zu müssen. Der Führer und der Spiegel sind aus einem anderen Stoff als die von ihm Verführten. Der Spiegel wie der Führer erlöst von der Zufälligkeit der Existenz, der er selbst entkommen zu sein scheint, durch die Genialität seines Verstandes. Der Spiegel wie der Führer schützen vor Vermischung, sie schaffen sichere Grenzen, am liebsten krank — gesund. Die Angst vor Vermischung ist die Angst derer, die unsichere Grenzen haben. „Für Nietzsche sind es nicht primär die Selbstreflexionen des Denkens, sondern körperliche Praktiken, Kräfte und Zustände, die zu den Voraussetzungen unserer Erkenntnisweisen zählen. (…) Es gibt für Nietzsche kein Wissen, dessen Herkunft nicht an einem ebenso verwickelten wie weitläufigen 'Leitfaden des Leibes' erzählt werden könnte.“ Klingt nach Freud, ist aber Nietzsche. Nur, was erfahren wir denn vom Leib Nietzsches? Erfahren wir, dass er schwach und missraten war, erfahren wir, dass er krank war? Wir erfahren, dass „das schwache und missratene zu

Grunde gehen soll." Und das sollte nicht der Leib sein? Die Urheber der Schule des Verdachts, arbeitssüchtig im letzten Stadium, wollen uns erzählen, dass ihre Abtötung des Leibes, um des Werkes willen, nichts mit dem Christentum zu schaffen hat, nichts damit, dass das Werk in Herrlichkeit und Ewigkeit, Amen, die Seele rettet. Wer's glaubt wird selig — oder arbeitssüchtig.

Der Andere ist das Bild, in dem wir uns sehen können, wenn wir Augen dafür haben. Ein Versuch, der mit einem etwas altmodischen Ausdruck Liebe genannt wird, und von dem die Schule des Verdachts so wenig wissen will, wie das Christentum. Auf die Frage, „wo er denn stehe", antwortet Ernst von Salomon: Meine Farben sind die Farben Preußens: Schwarz und Weiß. Schwarz und Weiss sind die Farben der Schrift. Der Feind der heiligen Schrift ist das Auge. Das Auge sieht, so es denn sehen kann, dass Schwarz und Weiß keine Farben sind. Der Filmregisseur Godard läßt sich vor dem Gedicht Brechts porträtieren, das lautet: „Ich gestehe, ich habe keine Hoffnung mehr, / die Blinden reden noch von einem Ausweg, / ich aber sehe. / Wenn alle Irrtümer verbraucht sind, / sitzt als letzter Gesellschafter uns das Nichts gegenüber." Die beiden letzten Zeilen fehlen in der Version Godards, das mit den Worten endet: „Ich aber sehe." Wie viele Dioptrien fehlten Nietzsche, dreizehn oder vierzehn? Wie war das mit dem Leitfaden des Leibes? „Die schönen Dinge zeigen an, dass der Mensch in die Welt passe“. Die unachahmliche Zartheit mit der Kant die Möglichkeit der Transzendenz als dem Vermögen das Schöne zu erfahren, mehr andeutet als behauptet, steht im krassen Gegensatz zu dem Raum der Gegenstandslosigkeit der Schule des Verdachts. Ein Raum, in dem der Mensch verurteilt ist, allein zu sein mit sich selbst. Ein Raum, in dem der Mensch sich selbst verurteilt — zum Gegenstand.

Heinz Schmerschneider, Halle/Saale

Wie ich dich fand

Wenn ich zurückblicke, frage ich mich manchmal: Was hast du davor gemacht, gedacht? So wie ich in meine Kindheit zurückblicke – ins Dunkle, Unbewusste meiner Existenz. Ja, ich hatte in der Jugend ein Erlebnis, ich weiß nicht mehr, wann es war, wie es war, nur dass danach mein Bewusstsein anfing; wo ich anfing nicht nur körperlich sondern auch geistig zu leben. Das selbe Erlebnis, vielleicht auf einer höheren Stufe, hatte ich noch einmal mit dir, auch hier weiß ich nur, dass es war! Beglückung durchschaudert mich manchmal, da ich mir dieser zweiten Erkenntnis- oder Bewusstseinsstufe bewusst werde, ein Ruhigwerden, Gelassenwerden, die Welt *vollständig* überblicken.

Vielleicht so um die dreißig muss ich gewesen sein, als ich die zwei Bände sah, war wohl ein Sonderangebot von „Ziehank“, der Buchhandlung am Heidelberger Universitätsplatz. Wann habe ich dich gelesen? Meist abends, vor dem Einschlafen, nachts, wenn ich nicht schlafen konnte, eigentlich nie tagsüber, da gab es zu viel Ablenkung. Aber langsam, Stück für Stück, Tropfen für Tropfen, kamst du meinen Gedanken näher, kam ich deinen Gedanken näher. Das ist das Einmalige an Büchern, man kann sich über Generationen hin verständigen. Ja, wir sind wirklich im Gespräch, ein Buch hebt die Zeitdifferenz der Existenz auf.

So frage ich mich, was tat ich, dachte ich denn vor dir? Ich frage mich und finde nichts, nichts als unbewusst, voll Heiterkeit, Naivität, zwischen Studienzeit und Ferienjob, sein Leben zu vertendeln; vertendeln in Lust und Übermut. Und ein Schrecken fährt mir durch alle Glieder – so hätte ich mein ganzes wertvolles Leben verbringen können – ja, eigentlich müssen, denn die Chance, dich zu finden, war so gering, wie die berühmte Nadel im Heuhaufen. Wäre blind und taub untergegangen, von Vergnügen zu Vergnügen, von Wochenende zu Wochenende, von Weihnachten zu Ostern, die Plage der Arbeit als nützlich betrachtend, das höchste Glück, bei einem Weibe zu liegen, und dieses Glück über dein Leben regieren zu lassen. Wer sollte sich daran stören, wenn ihn das Glück regiert? Einfältig, getrieben, wie alle, fortgerissen, wie Geröll im Strom der unbarmherzigen, unerschütterlichen, herzlosen Verhältnisse – ja, ein Verhältnismensch, ein Massenunikat, ein Funktionsbürger mit Beruf und Familie wäre ich geworden. Alles hübsch brav und nützlich, aber ohne Verstand, ohne Erkenntnis, ohne Reflexion, ohne jemals über sich *nach*gedacht zu haben. Nur, wie im Nebel siehst du konturenhaft deine Erscheinung, auch die Welt siehst du in dichten Nebel gehüllt. „Gott sei dank", sagst du, das Licht würde dich blenden, die Seele überlebt ja, es gibt doch das Paradies.

Oh ja, in dieser ersten Erkenntnisstufe lebt ihr alle, glaubt, weil ihr rechnen und schreiben gelernt habt, könnt ihr denken. Abstrakt, ohne Tat, das mag sein, aber nicht real, ihr seid nicht in der Lage, bewusst euer Leben zu gestalten. Auf der Lebensseite seid ihr ohne Ziel, ohne Plan, ohne Zweck, ihr tappt durchs Leben mit verschlossenen Augen. Ach ja, euch erfreut die bunte Wiese, der grüne Wald, die klare Luft der Berge; auch eine Katze schnurrt, wenn sie in der Sonne liegt. Mögen deine Sinne noch so gereizt, dein Gemüt noch so erhoben sein, du starrst doch mit blöden Ochsenaugen in die Welt und begreifst nichts, verstehst nichts, kommst über dich selbst nicht hinaus. Hast es gefunden, dein Glück, am Strand liegend, auf die Berge steigend, das Glück, eine Aufsummierung von Urlaubsreisen.

Auch ich, meine Brüder, meist in diesem Taumel der Unwissenheit, des Sichvergessens, Auslebens, in diesem Sichgetriebenfühlen zwischen Kindheit und Weisheit. Aber es ist die Tüchtigkeit der Lebenserhaltung, die beherrscht jedes Lebewesen. Unser Bewusstsein unterwirft sich dieser Tüchtigkeit, es versteckt sich, will nicht hervorbrechen, fürchtet den Schaden, den es im eigenen Körper anrichten kann. Unbewusst oder bewusst dieses Verhalten, das Zurücknehmen des Geistes.

Wer hat schon diesen zweiten Sprung in die Erkenntnissphäre gemacht, weiß, dass es noch eine höhere Qualität über der Lebensklugheit gibt? Dort oben, wo der Geist sich an sich selbst erfreut, nur an sich selbst, ohne warmen Strand und blauen Himmel. Nicht oft bin ich dort, in jenen gefährlich kalten Zonen halte ich mich selten auf; doch ein Glück zu wissen, dass es sie gibt, die Zone der Freiheit, der Unabhängigkeit, der Gewissheit, den Kopf einmal aus dem Schlamm strecken zu können, nicht nur animalischen Tüchtigkeiten gehorchen zu müssen. Dies alles, manchmal, in kurzen Augenblicken, sich selbst zu überblicken, ist erleben, ist *Menschenleben* – alles andere nur lebendig sein.

Dorthin bin ich gelangt, durch dich, hast wie ein Messias meine Seele gerettet, wäre sonst verdorrt, nie aufgeblüht, im gesellschaftlichen Mahlwerk kleingehexelt. Hast dich selbst dafür verbrannt, geopfert, dein Leben hingegeben, mit deinem Wort uns zu retten, Nietzsche!! Auch du, Nietzsche, ein solcher Erlöser, aber ebenso wenig wie Jesus, konnten sie dich verstehen. Der Erlöser war Symbol dieser Befreiung, er wollte den Menschen aus dem Gefängnis des Geistes, der nützlich-materiellen Tüchtigkeit befreien, den Geist frei werden lassen von den Zwängen der Alltäglichkeit, den Menschen zur Freiheit, Größe, zum wahren Bewusstsein führen. Verstanden haben das aber nicht einmal seine

Jünger, nicht Petrus und später auch nicht Paulus, denn wer es nicht sieht, versteht es nicht, kann es nicht begreifen; und so hat die Kirche alles wieder aufs irdische Erdenleben zurückgeholt, in den Schlamm gezogen: Nicht sündigen sollt ihr, von der Sünde wollte uns Jesus befreien und das ewige Leben bringen. Ja, seine Lehre war Befreiung, die Lehrbücher propagieren Lebenstüchtigkeit.

Und so lautet auch deine Lehre, Nietzsche: Gebrauche deine Vernunft nicht nur zum Grübeln oder wissenschaftlichen Forschen sondern gestalte dein Leben damit. Du, der du das einzige Wesen auf der Erde bist, dem sie verliehen wurde. Sei nicht ein Spielball deiner Triebe, erfreue dich bewusst an *Dir selbst* und deinem Dasein. Amor fati, oder: Halte es mit Dir aus, ohne von dir abzusehen! Du bist in dir selbst vollkommen, nichts kann dich anfechten, nichts von außen dich vollkommener machen.

Elisabeth ba Schmid, München/Mallorca

auf krummem aste
(frei nach nietzsche)

so schritt für schritt das ist ein leben
der zwänge gibt es allzu viel
falsch greifen wir gern in die tüten
der möglichkeiten zukunftsspiel

hier und da stehen gegensätze
blut fried und wort so raffiniert
ein guter freund die kennungslüge
am tummelplatz sich wohl geriert

fällt liebe zwischen rabenvögel
flitzt der narr schnell aus der tür
so bloß so seicht so angetrieben
fälschung mensch - - wofür

Sascha Schmidt, München

Nietzsche als Psychologe?

Eine der wichtigsten Monographien über Nietzsche von Walter Kaufmann lautet im Untertitel „Philosoph – Psychologe – Antichrist“ (Kaufmann, 1982). Leider taucht Nietzsche aber in Inhalten der Universitätspsychologie so gut wie überhaupt nicht auf und so musste ich mich selbst darum kümmern, auch die Perspektive(n) dieses großen Denkers für mein psychologisches Wissen nutzen zu können. Und wie reichhaltig Nietzsches Erkenntnisse auf diesem Gebiet sind, ist so schnell kaum zu überblicken.

Dass die heutigen Psychologen aber so wenig über Nietzsche wissen wollen, liegt vielleicht weniger an seinem kaum überschaubaren Werk, als vielmehr an seinen Erkenntnissen über die Arbeit des Wissenschaftlers, die er ja schon vor weit über hundert Jahren gewonnen hat. Der quantitativ forschende Psychologe nutzt sehr gerne Testverfahren, bei dem ein, vielleicht in einem weißen Kittel gewandeter, Testleiter akkurat Ergebnisse auf vorgefertigten Bögen notiert. Um die Güte eines solchen Tests nachzuweisen, ist ein entscheidendes Kriterium die Objektivität. Der Wissenschaftler darf unter keinen Umständen das Ergebnis durch seine Person beeinflussen. Ist das aber überhaupt möglich? So muss es dem Forschenden vollkommen egal sein, welche Resultate er in der Folge erzielt. Auch muss er, als konsequenter Neo-Positivist völlig wertfrei an seine Untersuchungsobjekte (Menschen) herangehen. Es gibt keine guten oder schlechten Ergebnisse, brav vergibt er nur Ziffern auf bestimmte Regungen.

Nietzsches Antwort auf diesen Forschertypus, der hier beileibe nicht karikiert wurde, ist radikal, und zwar so sehr, dass man wohl erstmal zusammenzucken muss, vielleicht zurückweicht, ehe man sich diesen Überlegungen wieder vorsichtig annähert:

„Gegen den Positivismus, welcher bei dem Phänomen stehen bleibt ‚es giebt nur Thatsachen‘, würde ich sagen: nein, gerade Thatsachen giebt es nicht, nur Interpretationen. […] Soweit überhaupt das Wort ‚Erkenntniss‘ Sinn hat, ist die Welt erkennbar: aber sie ist anders deutbar, sie hat keinen Sinn hinter sich, sondern unzählige Sinne. - ‚Perspektivismus‘ Unsere Bedürfnisse sind es, die die Welt auslegen; unsere Triebe und deren Für und Wider. Jeder Trieb ist eine Art Herrschsucht, jeder hat seine Perspektive, welche er als Norm allen übrigen Trieben aufzwingen möchte.“ (Nietzsche, KSA, 5, S. 400)

Im Forscher erkennt Nietzsche also wieder den Willen zur Macht, den einen Trieb, den Nietzsche hinter jedem Tun als Urtrieb erkennt. Und ganz offenbar ist es doch so, dass jeder Wissenschaftler sich eines Gedankens bemächtigen will und sehr wohl Interessen hat. Zunächst mal, wenn er noch am Beginn der Karriereleiter steht, will er ziemlich sicher seinen Job behalten, und dafür ist es bekanntlich von Vorteil, dem Chef nicht zu oft zu widersprechen. So gibt es dann Hypothesen oder Theorien und es wäre doch fein, wenn sich genau jene Vorhersage, die sich aus einer Theorie ableiten lässt, nachher auch bestätigen ließe. Auch das Gegenteil wäre noch verwertbar, man könnte womöglich eine Idee verwerfen, aber eins von beidem soll es doch bitteschön sein. Dass Untersuchungen ohne gewünschten Effekt ungefähr nie in Veröffentlichungen auftauchen, verstärkt diesen Mechanismus. Der Forscher muss sich seiner Objekte bemächtigen, derjenige, welcher es nicht tut, wird von der grausamen Welt der Wissenschaft hinweggefegt.

Somit kann der wahrnehmende Mensch, der ja letztlich auch nur ein Forscher ohne spezielle Ausrüstung (Tests oder Apparate) ist, vielleicht wirklich keine Tatsachen aufnehmen. Dass man diesen Gedanken wohl nur mal denken kann und auf der Straße schleunigst wieder verdrängen muss, ist selbstredend. Wie unterschiedlich aber unsere Erinnerungen bei fast gleicher Erfahrung sind, muss man sich nur mal nach einem Spaziergang zu zweit erzählen lassen.

Nietzsche war also sehr skeptisch, was die Erkenntnisse der Wissenschaft betraf. Dass gerade in seiner Schaffenszeit sich die Psychologie von der Philosophie emanzipierte (1879 durch Wilhelm Wundt, der in Leipzig das erste psychologische Laboratorium gründete) und zu einer eigenständigen Wissenschaft wurde, mag mit zu diesen Überlegungen beigetragen haben. In dieser Zeit gab es einen Forscher (Ebbinghaus), der sinnlose Silben lernte und dann mit der Stoppuhr die Zeit maß, bis er sie wieder vergessen hatte. Das soll nun nicht darüber hinwegtäuschen, dass auch heute noch ähnlich absurde Experimente an Forschungseinrichtungen durchgeführt werden. Von Ebbinghaus und Wundt hat auch ganz sicher jeder Psychologie-Student schon gehört. Warum aber von Nietzsche nicht? Nur weil er, anstatt Menschen unters Mikroskop zu legen, lieber mit offenen Augen durch die Welt ging und dann einfach nachdachte? Zu diesem Schluss kam auch Sigmund Freud, der wohl durchaus mit Neid anerkannte, dass auch der Denker zum Psychologen werden kann. Leider hielt ihn das, wie auch seine Nachfolger, vom Nietzsche-Studium fern.

„Nietzsche, [...]dessen Ahnungen und Einsichten sich oft in der erstaunlichsten Weise mit den mühsamen Ergebnissen der Psychoanalyse decken, habe ich gerade darum lange gemieden." (Freud, GW 14, S. 86)

Literatur

- Freud, S. Gesammelte Werke GW. 18 Bände, hg. von Anna Freud u.a. London 1940 – 1952 (Band 18 Frankfurt am Main, 1968)
- Kaufmann, W. (1982). Nietzsche. Philosoph-Psychologe-Antichrist. Wissenschaftliche Buchgesellschaft, Darmstadt.
- Nietzsche, F. Sämtliche Werke. Kritische Studienausgabe KSA, 15 Bände, herausgegeben von Giorgio Colli und Mazzino Montinari. De Gruyter, München-Berlin, New York 1967 – 1977.

Pia Daniela Schmücker, Ulm

Hotel Alpenrose

Am Morgen war eine merkwürdige Unruhe im Ort zu spüren. Beim Frühstück in der Bäckerei Schmitz befleißigten sich alle Gäste eines leisen Flüsterns. Er war zurückgekommen. Einige hatten ihn wiedererkannt: Ludwig Barblan war also gestern in einem schwarzem Pantalot und überbreitem Hut die Dorfstraße hinuntergegangen und in seinem Haus verschwunden. Bei jedem meiner vielen Aufenthalte hier hatte mich von neuem gewurmt, dass der alte Bau, einst das erste Haus am Platze, seit zwanzig Jahren zusehends verfiel. Im Dorf munkelte man, dass ein Jude die Alpenrose als Spekulationsobjekt aufgekauft hätte und nachdem sie endgültig unrettbar verfallen sei, in der begehrten Lage Appartements errichten wolle. Da sei nichts zu machen.

Mich erfüllte mit Genugtuung, dass wir unsere Expedition nicht weiter aufgeschoben, sondern gestern Abend das Wagnis unternommen hatten.

Beim ersten Anzeichen der Dämmerung, dies war hier um 17.30 Uhr der Fall, im leisen Schneetreiben, hatten wir uns dem Haus vorsichtig genähert, waren über den Bretterzaun gestiegen und hatten nach dem Eingang gesucht. Die unteren Fenster und Türen waren alle mit Holz verbarrikadiert. An jedem ein kreisrundes rotes Schild: „ZUTRITT VERBOTEN! Bei Zuwiderhandlung 3000 Franken Strafe! Eltern haften für ihre Kinder." Links neben dem Mittelturm waren einige Bretter der Absperrung lose und gewährten leicht den Einstieg. Bald standen wir im hohen Treppenhaus, vom schmiedeeisernen Geländer hingen lange Eiszapfen. Die Stiegen knirschten laut, als wir in den ersten Stock stiegen. Der Saal zur Linken bot ein Bild der Zerstörung. An den Stuckdecken Reste zerschlagener Lüster, die Wände arvenholzvertafelt, in breiten Platten weggerissen, auf dem Boden zahlreiche Matratzen aufgeschlitzt, Tisch- und Stuhlbeine zerschlagen zuhauf. Hie und da ein bunter Fauteuil, noch leidlich erhalten. Angrenzend der große Saal der table d'hote. An diesem 1. September 1959 waren 60 Herrschaften zu Gast. Nach dem azurblauen Tag, der ins Fextal geführt hatte, die Lärchen vergoldetet sich gegen Abend langsam bei der Rückkehr zum dunkelspiegelnden See, hatte das Diner vorzüglich geschmeckt: Agneau avec Riz a L'Imperatrice. Die Speisekarte lag noch da.

Durch ein fensterlosen Bullauge im zweiten Zwischengeschoß schauten wir hinüber zum kleinen Haus des Obsthändlers Durisch im Schatten des Hotel Edelweiß. Auf der anderen Seite, auf der Anhöhe thronend der wuchtige Kasten des Waldhaus. Ich mußte schmunzeln, sah ich eben wieder die gestrige kleine Szene vor mir: wir hatten beim 5-Uhr-Tee den Beethoven-Sonaten für Klavier und Cello gelauscht, geradezu zigneunerisch schmelzend gespielt. Dürrenmatt, am gewohnten Platz, hatte einen Sprüngli-Kaffee bestellt und sich ansonsten in den Börsenteil der Züricher vertieft. Merkwürdig, dass sein Lieblings-Ferienort Sils-Maria in seinem Schriften nicht erwähnt ist. Als er aufgestanden war, fiel mir auf, dass unter seinem Tisch ein zusammengefalteter Zettel zurückgeblieben war. Nach einem Taschentuch fischend, gelang es mir das zerknüllte Papier an mich zu bringen. Ich entzifferte einen handschriftlichen Entwurf, unwillkürlich halblaut vor mich hinmurmelnd:

Chasté

Wir Wesen der Ferne
zehenspitzengleich
rücklings
den Silser See
umrundend
im reinen Gehen
eines noch Nicht
Da-Sein der Chasté
Dich Halbinsel
des apriori Perfekt
tönts vom Waldhaus
entreisst moosen
Septemberlicht
dem Nebel
lärchengelber Stille

Was gewesen ist, war
bleibt rückwärts den See
umrundend,
„denn alle Lust“

so der Stein, will
„tiefe, tiefe Ewigkeit…."

Links neben uns unterhielten sich mit unverfrorener Lautstärke zwei junge Intellektuelle über das Hotel Abgrund und Adornos Streit wegen des Faustus. Der Herr am Nebentisch rechts, mit dicker Brille, hatte sich auffallend dicht über die vor ihm liegenden Postkarten gebeugt. Er schien unter der Musik zu leiden, hatte vor sich ein Glas klaren Wassers. Als er aufstand, stieß er ungeschickterweise an sein Tischchen, sodass der Stapel Postkarten herunterfiel. Ich lief herbei, um ihm, dem offensichtlich massiv Kurzsichtigen, behilflich zu sein. Mehrere Karten waren adressiert an Frau Pastor Nietzsche zu Naumburg, aber noch unbeschrieben, darunter auch Antwortschreiben an ihn unter ‚poste restante'. Sonderbarer Mensch, dachte ich.

Dies war mir eingefallen als wir nun in den ersten Stock zurückkehrten, da es zusehends dunkelte. Am Ende des kleinen Flurs ein Apothekenraum, alte Aspirinschachteln am Boden, Feuerlöscher in Gestalt von Zuckerhüten. Rechts vom Ausgang dann die Rezeption. Am Boden verstreut die einstigen Aufnahmebücher, zertrampelt und von Nässe verklebt. Im Schein der Taschenlampe konnten wir in einem einige wenige Namen entziffern: Gräfin Mansuroff aus Lausanne, Miss Emiliy Fynn aus London, Professor Nietzsche aus Basel etc. Anschließend ein kleiner Salon, offenbar einst Lese-und Warteraum. Die Sessel hier, gut gepolstert und solid gearbeitet, verbreiteten Modergeruch, schienen aber noch haltbar. So packten wir uns jeweils einen auf die Schultern und kehrten zum Ausgang zurück, vorsichtig, denn auf den gefrorenen Glassplittern des Bodens war leicht Ausgleiten. Die Dorfstraße war leer. Wir gingen leise mit unseren Sesseln im Huckepack nach Haus. Der Kustode, als hätte er auf uns gewartet, beglückwünschte uns zu unserem Fund. Die beiden Relikte fanden ihren würdigen Platz oben in dem Dachgeschoss-Bibliotheksraum des Nietzsche-Hauses.

Am nächsten Morgen, bei der berühmten Nusstorte im Café sitzend, überraschte mich die Zeitungsnachricht Bablan kauft väterliches Hotel zurück. Es folgte ein kurzer historischer Abriß zur Geschichte des 1862 erbauten Hauses, den ich gerade überfliegen wollte, als ein ohrenbetäubender Knall die Luft zerriß. Wir stürzten alle nach draußen. Nachdem die Rauch- und Nebelschwaden sich verzogen hatten, sahen wir dass das Dynamit gründliche Arbeit geleistet hatte. Da wo die Alpenrose gestanden hatte, gähnte ein leeres Loch in die Luft. Der Trümmerberg war gewaltig. Kurz nach 10 kamen die Bagger.

Anatol Schuster, Regensburg

Nietzsches Begriff des Übermenschen in *Also sprach Zarathustra*

Idee, Intention und Kommunikation

Zarathustra möchte die Lehre eines neuen Menschenbilds verkünden, für dessen Verwirklichung er sich auf die Suche nach Anhängern und nach den Gründen seines eigenen Ideals begibt. So tritt er nach jahrelanger Zurückgezogenheit in den Bergen unter die Menschen. Das Verhältnis zu den Hörern ist erstens gekennzeichnet von seiner überdrüssig gewordenen Weisheit, die nach Mitteilung drängt, zweitens der Liebe zu den Menschen und zuletzt nach dem Gefühl der Notwendigkeit, mit ihnen den Übergang zum Übermenschen zu beschreiten[1].

Unter den Menschen wird Zarathustra mit ungeahnten Vermittlungsschwierigkeiten konfrontiert, da diese seine Lehre nicht hören wollen, ihn missverstehen und verspotten. Im Zuge dieser Enttäuschung muss er erkennen, dass er den Hörerkreis einschränken muss. Da der Gegenstand seiner Rede anfangs nur als Idee in ihm ruht, stößt er außerdem auf inhaltliche Widersprüche, die es im Laufe zu ergründen gilt. Somit wird sein ‚Verkündungsweg' zugleich zu einem eigenen Erkenntnisprozess. [2] Die Kommunikationsprobleme sowohl auf Inhalts-, als auch auf Vermittlungsebene werden insbesondere dadurch getragen, dass der Gehalt der philosophischen Lehre *„nicht begrifflich-argumentativ, sondern metaphorisch-narrativ entwickelt wird."*[3]

Dass Zarathustra sich in seiner Rede vom Übermenschen seinem Ideal hauptsächlich metaphorisch und allegorisch nähert (*„der Mensch ist ein Seil*

---

1 Vgl. Bennholdt-Thomsen, Anke: Nietzsches Also sprach Zarathustra als literarisches Phänomen. Eine Revision. Frankfurt/M.: Athenäum 1974. S. 97.

2 Wie Anke Bennholdt-Thomsen anmerkt, spiegelt sich das Kommunikationsproblem auch darin wider, dass die Erkenntnisse, zu denen Zarathustra gelangt, den LeserInnen anhand seiner Reden und Selbstgespräche nur aus einer subjektiven Sicht vermittelt werden, und somit von keiner außenstehenden Instanz objektive Bedeutung erhalten können. Vgl. Bennholdt-Thomsen, Anke: Nietzsches Also sprach Zarathustra. S. 57.

3 Geisenhanslüke, Achim: Der Buchstabe des Geistes. Postfiguration der Allegorie von Bunyan zu Nietzsche. München: Wilhelm Fink Verlag 2003. S. 208.

geknüpft zwischen Thier und Übermensch,– ein Seil über einem Abgrunde.“[4]), deutet einerseits auf eigene Unklarheiten hin, andererseits wird damit auch auf die Unbeschreibbarkeit eines Ideals hingewiesen, dem sich Zarathustra nur in Bildern annähern, dieses aber in seiner höchsten Form nur leben, nicht aussprechen kann. In diesem Verständnis wird die Handlung des Buches *„die Geschichte der Erfahrung Zarathustras als Lehrer im Verhältnis zu seinen Hörern, zu seiner Lehre und zu seiner Mitteilung – kurz, es handelt sich um die Erfahrung Zarathustras mit der Kommunikation, die einen Erkenntnisprozess bedingt.“*[5]

So äußert er in dem Gleichnis *‚von den Verwandlungen des Geistes'* zu Beginn seines Lehrwegs drei Erkenntnisstufen der Überwindung – die er im Lauf seines folgenden Wegs selbst durchschreiten muss: die Verwandlung des Geistes vom Kamel zum Löwen und vom Löwen zum Kind. Dem Kamel in der Wüste gleich trägt der Geist Lasten, *„kniet [...] nieder [...] und will gut beladen sein“*[6]. Das Kamel verwandelt sich zum Löwen. Mit dessen Kraft kann der Geist *„Freiheit sich schaffen zu neuem Schaffen.“*[7] Schließlich vollzieht sich die letzte Verwandlung vom Löwen zum Kind, in dem die Kraft zu einem Neubeginn liegt. Aus dem Kind äußert sich *„eine erste Bewegung, ein heiliges Ja-Sagen.“*[8]

Deshalb führt der Weg der Erhabenheit zum Übermenschen für Zarathustra zwangsweise zur Begegnung mit dem Geist der Schwere, auf dessen Grund der Wille ruht für die erste Überwindung. Was durch ‚Löwen-Mut' nun zerstört und gebrochen wird, wodurch sich Verachtung für das ‚Kleine am Menschen'[9] äußert, findet infolge der letzten und schwersten Überwindung im Kinde seinen versöhnenden, lebensbejahenden Ausdruck.

Im Zwiegespräch mit sich selbst sieht sich Zarathustra mit dem *‚abgründigen Gedanken'* konfrontiert. Die Reife seiner Lehre wird somit zum *„Weg zur Artikulation“*[10]: den verdrängten, unüberwundenen Abgrund entlarvt er als

---

[4] Nietzsche, Friedrich: Also sprach Zarathustra. 11.Auflage. München: Deutscher Taschenbuch Verlag 2007. S. 16.

[5] Bennholdt-Thomsen, Anke: Nietzsches Also sprach Zarathustra. S. 18.

[6] Nietzsche, Friedrich: Also sprach Zarathustra. S.29.

[7] Ebd. S. 30.

[8] Ebd. S. 31.

[9] Die Idee des Kleinen als Gegenentwurf zum Übermenschen. Siehe: S. 4f.

[10] Bennholdt-Thomsen, Anke: Nietzsches Also sprach Zarathustra. S. 59.

einen *„Überdruss am Kleinen“*[11], der sich durch Ekel und Leid äußert, und erst durch die Verwandlung zum Kind bewältigt wird.

Hinter der Idee des Kleinen verbirgt sich der Gegenentwurf zum Übermenschen. Durch die Verwerfung moralischer Werte, die Überwindung einer Transzendenz und die Besinnung auf den eigenen Willen, ist es, dem Menschen aber möglich, über sich hinauszuwachsen und in der Vorstellung der ewigen Wiederkehr sich ewig neu zu erschaffen. Der Idealzustand ist somit kein paradiesischer, sondern zeichnet sich durch einen beständigen Prozess des Verwerfens und Neuschaffens aus.

Aus der philosophischen Lehre des Zarathustra lassen sich vier essentielle Begriffe herausheben, die es näher zu untersuchen gilt: der *‚Wille zur Macht'* als Kraftquelle zur *‚Überwindung des Menschen'* auf dem Weg zum, in der *‚ewigen Wiederkehr'* vollkommen gewordenen, *‚Übermenschen'*.

Der Wille

Zarathustra lehnt eine transzendente Macht ab. Die alleinige Macht liegt im Menschen selbst: im Willen als die freie, verursachende Kraft, aus der der Mensch seine Fähigkeit, über sich hinauszuwachsen, schöpfen kann. So entwickelt Nietzsche den umstrittenen Begriff des ‚Willens zur Macht'. Der Wille in seiner Idealform ist ein *bestimmender, schaffender und affirmativer Wille.*

Bereits zu Beginn des ersten Buches werden wir mit der Grundvoraussetzung für die Lehre des Übermenschen konfrontiert: der Tod Gottes, mit dem die Privilegierung der Immanenz einhergeht, konkretisiert durch die völlige Selbstbestimmung des Menschen. Deshalb ist der Wille ein *bestimmender Wille* – in doppeltem Sinne:

Einerseits im Sinne der Selbstbestimmung: das eigene Schicksal soll nicht (mehr) ‚moralischen Gesetzestafeln' unterworfen werden. In gewisser Weise ist hier die Loslösung aus der Gesellschaft gemeint, welche die Erhaltungsstätte des kleinen Menschen ist. Zugleich aber bedeutet dies nach den Zielen einer neuen Gesellschaftsform, und somit auch einem neuen Menschenbild zu streben. So heißt es beispielsweise: *„Fruchtbar ist das Alleinsein mit dem Richter und Rächer des eigenen Gesetzes.“*[12]

Andererseits kann hierunter auch die Sinngebung des Lebens, das bisher der Willkür des Zufalls unterworfen war, verstanden werden. Der Lauf der Erde ist

---

[11] Ebd. S. 61.

[12] Nietzsche, Friedrich: Also sprach Zarathustra. S. 81.

nicht zweckgerichtet. Der Übermensch soll somit sein eigener Gott werden, der den Sinn und das Ziel seines Daseins bestimmt. Deshalb lehrt Zarathustra, *„nicht mehr den Kopf in den Sand der himmlischen Dinge zu stecken, sondern frei ihn zu tragen, einen Erden-Kopf, der der Erde Sinn schafft!“*[13]

Schaffend ist der Wille, denn er zerstört und erfindet, und schafft somit über sich hinaus. Der Wille ist „aller Gräber Zertrümmerer [...]. Und nur wo Gräber sind, gibt es Auferstehungen.“[14]

Dennoch ist das Menschenleben nicht immun gegen Schicksalsschläge und *„über allen Dingen steht der Himmel Zufall“*[15]. Jedoch ist es dem Willen eigen und möglich, das Unausweichliche, Notwendige im Leben zu bejahen. Der Wille muss sich *„vom ohnmächtigen Widerwillen vom Vergehen der Zeit“*[16] befreien. Daher ist der Wille ein *affirmativer Wille*, der *„diesen Weg [will], den blindlings der Mensch gegangen, und gut ihn heissen und nicht mehr von ihm bei Seite schleichen“*[17].

In Analogie zu den drei Verwandlungen des Geistes bedeutet die Schaffenskraft den Mut des Löwen, während der affirmative Wille sich erst im Kind manifestiert[18].

Überwindung

Zarathustras Anklage richtet sich gegen den kleinen (oder letzten) Menschen, der von Gram bedeckt und schambefleckt ist. Um die Erhabenheit des Übermenschen zu erlangen, muss dieser überwunden werden, der *„in einem Vakuum an Werten [lebt], im Nichts der bisherigen höchsten Ideale, ohne daran auch nur ein Unvergnügen und somit einen Drang nach Überwindung zu verspüren, vielmehr zufrieden und glücklich in seiner ‚Kleinheit'.“*[19] Daher sind das Gute und das Gerechte, das Mitleid und die Nächstenliebe (christlich) moralische Werte, denen Zarathustra sich abwendet, da sie den Menschen im Kleinen binden und ihm die Möglichkeit eines Aufbruchs verschließen. Diesen

---

13 Ebd. S. 37.

14 Ebd. S. 145.

15 Ebd. S. 209.

16 Bennholdt-Thomsen, Anke: Nietzsches Also sprach Zarathustra. S. 46.

17 Nietzsche, Friedrich: Also sprach Zarathustra. S. 37.

18 Inwieweit eine Analogie vom Kamel zum bestimmenden Willen gezogen werden kann, bleibt fragwürdig: ist doch das Kamel fremden Lasten unterworfen, während der bestimmende Wille die fremden ‚Worte und Werte' ablegt.

19 Bennholdt.Thomsen, Anke: Nietzsches Also sprach Zarathustra. S. 44.

wertbelasteten Begriffen stellt Zarathustra jeweils andere Begriffe gegenüber: durch die Verwerfung des Glaubens an Gott soll der Mensch *„sich selber lieben lernen [...] mit einer [...] gesunden Liebe: dass [er] es bei sich selber aushalte und nicht umherschweife.“*[20] Die Nächstenliebe wird als die *„schlechte Liebe zu [sich] selber“*[21] bezeichnet. Auch Mitleid muss überwunden werden, denn es bindet an die Sorgen und Gedanken des Mitmenschen. Dem Mitleid stellt er den Mut gegenüber, denn *„Muth ist der beste Todtschläger: der Muth schlägt auch das Mitleiden todt. Mitleiden aber ist der tiefste Abgrund: so tief der Mensch in das Leben sieht, so tief sieht er auch in das Leiden.“*[22]

Der Mensch soll nicht mehr beim Alten verharren, sondern dem Willen hin zu einem fernen Ziel folgen – was für Zarathustra bedeutet, dass er immer wieder Abschied nehmen und in die Einsamkeit in den Bergen gehen muss.

Als Gegenprinzip der Erhabenheit begegnen ihm das Lachen der Menschen und die Ironie des Possenreissers, der als Inbegriff des letzten Menschen verstanden werden kann. Am Beispiel des Lachens lässt sich die Entwicklung des Zarathustra bezüglich seiner Überwindungen verfolgen: in den ersten beiden Büchern begegnet ihm das Lachen als feindliches Merkmal des kleinen Menschen, denn es beinhaltet für ihn Verspottung, Zorn und Hass. So heißt es, als er zu Beginn unter die Menschen tritt: *„Und nun blicken sie mich an und lachen: und indem sie lachen, hassen sie mich noch.“*[23]

Hingegen wird Zarathustra im Laufe seiner Jahre bewusst, dass es auch das Lachen zu überwinden gilt, indem es vom Willen als affirmative Kraft vereinnahmt wird. So spricht er im zweiten Buch zu sich: *„Noch lernte [ich] das Lachen nicht und die Schönheit. [...] Noch hat [meine] Erkenntniss nicht lächeln gelernt und ohne Eifersucht sein; noch ist [meine] strömende Leidenschaft nicht stille geworden in der Schönheit.“*[24] Erst in der Einsamkeit am Ende seines Weges hat er sein Ziel erreicht, welches er bereits im ersten Buch benennt: *„Wer von euch kann zugleich lachen und erhoben sein? Wer auf den höchsten Bergen steigt, lacht über alle Trauer-Spiele und Trauer-Ernste.“*[25]

---

20 Nietzsche, Friedrich: Also sprach Zarathustra. S. 242.

21 Ebd. S. 77.

22 Ebd. S. 199.

23 Ebd. S. 21.

24 Nietzsche, Friedrich: Also sprach Zarathustra. S. 150ff.

25 Nietzsche, Friedrich: Also sprach Zarathustra. S. 49. Diese Sätze tauchen erneut in der Einleitung für das dritte Buch auf, in dem die ewige Wiederkehr als Kerngedanke der Philosophie Zarathustras vorgestellt wird. Dort erst finden sie ihren lebensaffirmativen Ausdruck.

Durch diese letzte und schwierigste Überwindung wandelt sich das Lachen in eine lebensbejahende, von Affekten befreite Geisteshaltung einer unbewegten Seele, die den Höhen und Tiefen eines Menschenlebens standhält, indem es in den Kreislauf der ewigen Wiederkehr eintaucht.

Die Ewige Wiederkehr

Um den Gedanken der ewigen Wiederkehr des Gleichen, den Nietzsche selbst als *„die Grundconception des Werks, [...] die höchste Formel der Bejahung, die überhaupt erreicht werden kann“*[26] bezeichnet, muss die Dialektik von Abstieg und Aufstieg untersucht werden, die das gesamte Werk durchzieht.

Den Abstieg zu den Menschen zu Beginn des ersten Teils drückt Zarathustra in einem Gleichnis mit der Sonne aus: in ihrem überreichen Antlitz manifestiert er in jedem Moment zugleich ein Erscheinen und ein Untergehen. Übertragen ließe sich sagen, dass sich in ihrem Angesicht Vergangenheit, Zukunft und Gegenwart spiegeln.

So handelt auch der erste Teil vom Abstieg Zarathustras zu den Menschen, während er zugleich zum Ideal seiner Lehre hinaufsteigt. Zarathustras äußere Abwärtsbewegung wird somit ausgleichend begleitet durch einen inneren Aufstieg:

„Dem Beispiel der Sonne folgend soll Zarathustras Abstieg zu den Menschen zugleich ein Aufstieg zum Übermenschen sein, ohne dass an dieser Stelle des Textes bereits deutlich wäre, wie eine Vermittlung der beiden gegenläufigen Wege von Abstieg und Aufstieg überhaupt möglich ist.“[27]

Durch Enttäuschungsrückschläge durch äußere Vermittlungsschwierigkeiten und inhaltliche Widersprüchlichkeit beschreibt der zweite Teil den Aufstieg Zarathustras zurück in die einsamen Berge, während er zugleich hinab zu den Abgründen seiner Seele steigt, um eigene Ängste, Widersprüche und die letzte Unaussprechbarkeit seiner Lehre zu ergründen. Daher ist der zweite Teil auch von Melancholie und Traurigkeit durchdrungen.

Im dritten Teil vereinigen sich die gegenläufigen Stränge: auf den Tiefen seiner Seele gründet die Erhabenheit seines Ideals. Die Allegorie von Auf- und Abstieg[28] trifft hier auf den Kern ihrer Aussage: auf seinem Weg in die Berge

---

[26] Nietzsche, Friedrich: Der Fall Wagner u.a. Neuausgabe. München: Deutscher Taschenbuch Verlag 1999. S. 335

[27] Geisenhanslüke, Achim: Der Buchstabe des Geistes. S. 211

[28] Auch im Namen Zarathustra findet sich die Dialektik des Auf- und Abstiegs: der ursprüngliche Prophet Zarathustra tritt als der Begründer der Unterscheidung von gut und böse auf, also der Moral. Zarathustra in Nietzsches Werk verkündet deren Untergang. Er stellt allerdings dieser Wertvorstellung kein reines Erkennen der

trifft Zarathustra auf den Torbogen, über dem ‚Augenblick' geschrieben steht. Im Augenblick als Verbindung des Vergangenen und des Zukünftigen, also als Knotenpunkt der ewigen Wiederkehr findet nun das seinen Ausdruck, was Zarathustra bisher nur idealistisch vorschwebte. Von dem Geist der Schwere, die Ursache für Leid, kann sich Zarathustra nur befreien, indem er den Augenblick des Lebens vorbehaltlos affirmiert; indem jeder Augenblick in sich eine Vollkommenheit darstellt, mitsamt dem Abscheiden des Vergangenen und dem Herannahen des Ungewissen. Diese Affirmation setzt das schaffende Moment voraus, da in jedem Schaffen auch ein Vernichten ist, also ein Untergang.

Im Gegensatz zu Anke Bennholdt-Thomsen, die die ewige Wiederkehr des Gleichen so interpretiert, „dass alle Dinge, d.h. alles Endliche, das in der Zeit ist, schon einmal, unzählige Male schon vorgekommen sein und ebenso in der Zukunft wieder vorkommen muss."[29] und daraus abgeleitet Zeit als ein „in sich kreisender Kreis"[30] begreift, handelt es sich meiner Meinung nach nicht um eine zyklische Zeitvorstellung. In der ‚Geburt der Tragödie' formuliert Nietzsche in Anlehnung an Schopenhauer bereits, dass das Menschenleben gezeichnet ist vom Leiden an der Zeit und dass„nur als aesthetisches Phänomen [...] das Dasein und die Welt ewig gerechtfertigt"[31] ist. Wird dies berücksichtigt und Nietzsches Beschreibung der ewigen Wiederkehr als die „höchste Formel der Bejahung"[32] hinzugezogen, so manifestiert sich hier eine Vorstellung, dass in jedem Moment ein Abschied und Untergang des Vergangenen, desgleichen ein Öffnen und Aufgang des Neuen, Zukünftigen als die Schale eines unbewegten Augenblicks liegt.

Wahrheit gegenüber. Eine wertende Betrachtung ist vielmehr unumgänglich und kann nur durch einen kontinuierlichen Schaffensprozess neu entworfen werden: *„Gutes und Böses, das unvergänglich wäre – das giebt es nicht! Aus sich selber muss es sich immer wieder überwinden."* In: Nietzsche, Friedrich: Also sprach Zarathustra. S. 149

29 Bennholdt-Thomsen: Nietzsches Also sprach Zarathustra. S. 48

30 Ebd. S. 48

31 Nietzsche, Friedrich: Die Geburt der Tragödie u.a. 6.Auflage. München: Deutscher Taschenbuch Verlag 2003. S. 47

32 Nietzsche, Friedrich: Der Fall Wagner u. a. S. 335

Harald Stangor, Gifhorn

Ich und Übermensch

Gebürtig Kind, um dann als Mann zu reüssieren;
Das Tier in jedem Glied wächst mit in jedem Schritt.
Die blonde Bestie muss die Wildnis wieder spüren –
Kein Gut, kein Böse, jedes Jenseits dreht sich mit.

So ist es eben. Die Natur lässt sich was tanzen,
Die Peitsche etwa nimmt das Strebende in Kauf.
Zwar mag es menschlich sein, sich spielend fortzupflanzen,
Doch ungenügend. Es gibt höheres Hinauf.

Wo wird man enden? Man erklimmt den Platz zum Stürzen:
Seiltänzer, Leichnam. So ist Höhe relativ.
Sie konnte ja das Leben jenes Gotts verkürzen,
Den N. vergrub, als er den Übermenschen rief.

Das Kind nur bleibt, versteckt im Männerbestienschoß,
Enttarnt erst, wenn's zur Frau geht, sanft und peitschenlos.

Markus Streichardt, Cottbus

Mein Nietzsche-Erlebnis

Liest man als junger Abiturient „Also sprach Zarathustra“ unbefangen und ohne Vorkenntnisse, so ist es wohl unmöglich, Nietzsche nicht als „militanten Individualisten“ [1] zu verstehen. Beeindruckend war hierbei nicht nur die Radikalität, die den vorgetragenen Gedanken innewohnte, Bekanntes und Gegebenes zu negieren, sondern in gleicher Maßen die Art und Weise, das *Wie*. Die Kombination der Wörter, die Aneinanderreihung der Sätze brachten Klangfarben hervor, welche noch lange in meinem Kopf nachhallten. Das Geschriebene wirkte als eine Art Echolot, einzig zum Zwecke die Tiefen der inneren Welt auszuloten und besaß dabei eine bisher unbekannte Suggestionskraft. [2] Zarathustras Diktum „Ich will“ wurde deshalb geschwind zu meinem, welches mich in eine angriffslustige Position gegen jegliches „Du sollst“ [3] versetzte. Paradox gesprochen, bedeutete dies, dass man seinen Platz in der Welt nur zu finden vermag, wenn man selber dazu fähig ist, alte Welten abzulehnen, notfalls zu „vernichten“, um neue Welten zu erschaffen. Auch wenn Nietzsche damit sicherlich etwas viel größeres im Sinn hatte, so interpretierte ich Zarathustras Anregungen zum kritischen Denken auf meine Weise. Ich begann mir langsam im Klaren darüber zu werden, was ich im Leben überhaupt will, was ich überhaupt brauche. Wahre Zufriedenheit oder gar Glückseligkeit offenbart sich nach Nietzsche einzig und allein im Schöpferischen und so liest sich seine Anklage gegen die „letzten Menschen“, die ihr Glück im Lüstchen für den Tag und für die Nacht gefunden haben, sehr hellsichtig in Zeiten einer Konsumgesellschaft. Es ist unschwer zu erkennen, dass ein Abiturient für eine Philosophie, die auf solche Art und Weise vorgetragen wird, sehr empfänglich ist, auch wenn ich in Nietzsches Augen wohl bloß ein „lesender Müßiggänger“[4] gewesen wäre.

Ein Jahr später, im Rahmen meines Studiums, lernte ich schließlich Nietzsche

---

1 Ludwig Marcuse „Mein zwanzigstes Jahrhundert“, Zürich 1975, S. 48

2 Fachkundiger und weniger unbeholfen, siehe Heinz Schlaffer „Das entfesselte Wort. Nietzsches Stil und seine Folgen.“, München 2007

3 Friedrich Nietzsche KSA, Band 4, München 1988, S. 30 ZA

4 Friedrich Nietzsche KSA, Band 4, München 1988, S. 37 ZA

von einem anderen Blickwinkel kennen. Ich las Nietzsches Spätschrift „Zur Genealogie der Moral“ und war entsetzt. Während sich beim Zarathustra noch Licht und Schatten in gleicher Maßen abwechselten, die leisen mit den lauten Tönen ein stimmiges Ganzes ergaben, so herrschte bei der Genealogie nur noch das Dunkle, Nackte und Rohe. Nietzsches Grundhaltung war gewiss die gleiche geblieben: auch hier ging es darum alles radikal in Frage zu stellen, darum die herrschende Moral und dessen Werte auf ihre Legitimation hin zu prüfen, dennoch war der angeschlagene Ton rauer, das gefällte Urteil apodiktischer. Das spielerisch Leichte und poetisch Reizvolle der „Gedanken, die mit Taubenfüßen kommen, um die Welt zu lenken“ [5] musste einer „blonden Bestie“ weichen, die „in allem Zerstören, in allen Wollüsten des Siegs und der Grausamkeit“ [6] ihr Heil findet. Die verübte Zerstörung und Grausamkeit rechtfertigte sich schließlich selbst, wenn es um einen Akt der Selbststeigerung handelt und damit um einen Ausdruck des Dionysischen. Erschreckend hierbei war, dass die Repräsentanten des Dionysischen nur einem elitären Zirkel vorbehalten waren. Hier zeigt sich, wie Nietzsche dem Prinzip der Selbststeigerung letztendlich alles opfert. Da dem Schaffenden, der inzwischen zur „blonden Bestie“ mutierte, keine Grenzen gesetzt werden dürfen, müssen folglich alle Werte, alle Moralvorstellungen ihm angepasst werden und nicht umgekehrt. Die von Nietzsche angestrebte „Umkehrung aller Werte“ macht dabei keine Gefangenen, schließlich ist „ein Volk der Umschweif der Natur ist, um zu sechs, sieben grossen Männern zu kommen.“ [7] Als solch einen letzten großen Mann, der sich über alle Konventionen hinweggesetzt hat und einzig seinen „Willen zur Macht“ folgte, sah Nietzsche in Napoleon: „das fleischgewordene Problem des vornehmen Ideals an sich (...) Napoleon, diese Synthesis von Unmensch und Übermensch.“ [8] Als ich solche Sätze las, kam ich nicht umhin dem spöttisch Bertolt Brechts Verse entgegenzusetzen: „Der junge Alexander eroberte Indien? Er allein? Cäsar schlug die Gallier. Hatte er nicht wenigstens einen Koch bei sich?“ [9] Absolute Souveranität und der Sinn für das Gemeinwohl (Demokratie, Solidarität) sind für Nietzsche unvereinbar und so muss sich schließlich ersteres als tyrannische Herrschaft einiger weniger über viele andere entpuppen.

Nietzsche selber ordnete den Zarathustra zum jasagenden und die Genealogie zum neinsagenden Teil seines Schaffens ein, wobei er letzteres explizit als „*neinthuende* Hälfte (…) der grosse Krieg, - die Heraufbeschwörung eines Tags

---

5 Friedrich Nietzsche KSA, Band 4, München 1988, S. 189 ZA

6 Friedrich Nietzsche KSA, Band 5, München 1988, S. 275 GM

7 Friedrich Nietzsche KSA, Band 5, München 1988, S. 95 JGB

8 Friedrich Nietzsche KSA, Band 5, München 1988, S. 288 GM

9 Bertolt Brecht „Die Gedichte in einem Band“, Frankfurt am Main 2002 S. 656

der Entscheidung“ [10] verstand. Ich glaube nicht, dass die neinsagende Hälfte zugunsten der lebensbejahenden vernachlässigt werden darf, zu sehr sind die beiden Hälften miteinander verbunden. Schließlich zeigt sich „Also sprach Zarathustra“ in einem anderen Licht, wenn man bereits zu Anfang ließt „Was liegt an meiner Tugend! Noch hat sie mich nicht *rasen* gemacht. (…) Alles das ist Armut und Schmutz und ein erbärmliches Behagen!“ [11] und sich vor Augen hält, wie solche „Raserei“ in der Genealogie konkretisiert und vor allem pervertiert wird.

Mein Verhältnis zu Nietzsche ist daher ambivalent. Zum einen habe ich einen Nietzsche kennen gelernt, dessen Philosophie einzig und allein darauf abzielte, Bekanntes und Gegebenes zu negieren, um Raum zu schaffen für individuelle Selbstgestaltung. Für solches dynamisches Denken, das kein Anfang und kein Ende kannte, war alles „im Fluss“ begriffen. Die dabei geöffneten Blickwinkel machen Nietzsche auch heute noch unschätzbar interessant. Zum anderen habe ich auch die Seiten in Nietzsches Schriften aufgeblättert, wo bloße Zerstörungswut und nackte Grausamkeit den Zweck der Selbststeigerung und absoluten Souveränität heiligen. So lässt sich zum Abschluss sagen, dass mein Nietzsche Erlebnis aus vielen kleinen Erlebnissen besteht und in Zukunft sicherlich durch weitere ergänzt werden. Zu komplex ist Nietzsches Werk, als das man es auf einen Nenner bringen kann. Eine weitere Vertiefung ist deshalb unerlässlich. Im Ganzen wird sich so eine kritische Auseinandersetzung mit Nietzsches Person ergeben und ich glaube, nichts anderes stand ihm selber im Sinn.

Literatur:

· Friedrich Nietzsche, Kritische Studienausgabe (KSA), Herausgegeben von Giorigo Colli und Mazzino Montinari, Band vier, Deutscher Taschenbuch Verlag, München 1988

· Heinz Schlaffer „Das entfesselte Wort. Nietzsches Stil und seine Folgen“, Hanser Verlag, München 2007

---

[10] Nietzsche zitiert nach Stegmaier „Nietzsches Genealogie der Moral, Darmstadt 1994, S. 30-31

[11] Friedrich Nietzsche KSA, Band 4, München 1988, S. 20 ZA (Hervorhebung von mir M.S.)

· Werner Stegmaier, „Nietzsches ‚Genealogie der Moral'", Wissenschaftliche Buchgesellschaft, Darmstadt 1994

· Bertolt Brecht, „Die Gedichte von Bertolt Brecht in einem Band", 11.Auflage, Suhrkamp Verlag, Frankfurt am Main 2002

· Ludwig Marcuse, „Mein zwanzigstes Jahrhundert", „Auf dem Weg zu einer Autobiographie", Diogenes Verlag, Zürich 1975

Ingelore Streng, München

Mein Nietzsche

Diese kleine Notiz aus dem Wochenblatt sprang mir vor kurzem ins Auge (man soll diese Wochenblättchen doch würdigen!)

Mein? fragte ich mich, dann auch dein und unser aller ...Jemand wird zum Allgemeingut wenn sein Gedankengut, d.h. Sätze daraus, zum geflügelten Wort werden.

Wir lebten eine Zeit in Bonn. Zur Carnevalszeit sang unsere Tochter Irina einmal den Hit:

„Also sprach Zarathustra, wir bleiben bis zum Schluß da ...“ Von da an belebten die ersten drei Wörter unseren Alltag; z.B.: „Also sprach Zarathustra, du mußt jetzt aber endlich ins Bett ...“ Irina konnte schon sehr früh sprechen, hatte rege Fantasie und schrieb, d.h. verfaßte Gedichte und Geschichten, die sogar in der Rhein-Zeitung veröffentlicht wurden. So hatten wir u.a. ein Spiel: ich warf ihr einen ihr unbekannten Begriff zu und sie rätselte an der Bedeutung herum. Z.B. kam es mir in den Sinn „was ist Nietzsche“. Sich warf sich in Denkerpose, zog die Stirn kraus, dann: ich weiß, daß Ничево (nitschewo) russisch NIX heißt. (Ich habe die Sprache in der Schule gelernt und ihr davon einiges beigebracht), also, das sagt einer, der ’nen Sprachfehler hat, ein Ausländer, der nicht versteht, wovon man grade redet. Haben wir gelacht!

Nietzsche hätte das sicher nicht verstanden.

Aber nun nach dieser Einleitung zum ernsten Teil:

Als Schülerin haben mich seine Gedanken im Philosophie-Unterricht stark beeindruckt und einige seiner Gedanken bis heute begleitet: besonders, was er zum Thema „Freundschaft“ sagt, d.h. schreibt. Angeregt durch die Aufforderung zum Wettbewerb habe ich „meinen“ „Zarathustra“ (Phaidon VI: Bibl. d. Philos. Bd 15) wieder zur Hand genommen. Ich zitiere S. 96: „Vom Freunde“: „Unsere Sehnsucht nach einem Freunde ist unser Verräter“ – „Sei wenigstens mein Feind, so spricht die wahre Ehrfurcht, die nicht um Freundschaft zu bitten wagt. - ... Sahest du den Freund schon schlafen, damit du erfahrest wie er aussieht.“ ...

Am 2. 7. des Jahres folgte ich der Einladung der Öffentlichen Jahressitzung zum 60-jährigen Bestehen der Akademie, anlässlich derer Martin Walser den Festvortrag hielt. Ich habe mir anschließend sein Buch „Angstblüte“ signieren lassen. S. 447 „Freundschaft ist von allen Einbildungen die schönste“.

In seinem Roman „Brandung“ kommen zahlreiche Anspielungen auf Nietzsche vor (u.a. S. 61, 82, 96, 118): dazu habe ich mir Zitate zum „Freund“

angestrichen. S. 30 „Zuhause hatte er keinen Freund, einen nach dem anderen hatte er ... verloren. ... Wenn Einschränkungen nötig waren, hatte er lieber keinen Freund.“ ... S. 163 „und so fühlte sich Helm so reich wie das Sprichwort sagt, daß der sei, der einen Freund habe“...

Schiller kommt mir in den Sinn „Ich sei, gewährt mir die Bitte, in eurem Bunde der dritte“. Dreier-Beziehungen und Freundschaft das geht nie gut, das erfuhr auch Nietzsche mit dem Ehepaar Wagner und ihm: und R. Mey singt: „bei dreien ist einer zuviel“. Ich dachte oft an Nietzsche wenn eine Freundschaft zerbrach. Er schreibt (S. 97) „Bist du ein Sklave kannst du kein Freund sein. Bist du ein Tyrann so kannst du keine Freunde haben,“ und, so folgert er, daß eine Frau in der beides steckt (er schreibt: versteckt) noch nicht der Freundschaft fähig sei. An diesem „noch nicht“ habe ich gearbeitet an mir. Diese beiden Anlagen in mir ins reche Lot zu bringen, das ist nicht leicht. Aber er hat Recht: nur dann ist echte Freundschaft möglich.

„Aber sagt mir, ihr Männer, wer von euch ist denn fähig der Freundschaft?“ diesen Gedanken möchte ich nicht weiter ausspinnen, denn ich bin eine Frau!

Ja das wars!

Hat mir Freude gemacht.

Eva Strobel, Tübingen

Mein Nietzsche

Mein Nietzsche ist ein JA-SAGENDER, er sagt Ja zur Gestaltung von Perspektiven und zur Gestaltung des Lebens (zu FW 281).

Die Gestalt des Bergrückens von Portofino, die er bei seinen Spaziergängen von Rapallo aus erblickte, verkörpert das würdevolle Absteigen dieses Gebirges ins Meer. Mehrfach wird die Richtung jäh gewechselt: die Bewegung geht gegen Ende, dem Finale zu, noch drei Mal auf und ab: sie fallt in „stolzem ruhigem Gleichmaasse in' s Meer ab [...] - dort, wo die Bucht von Genua ihre Melodie zu Ende singt“ (FW 281). Wer das Ganze der Gestalt nicht im Blick hat (Künstler des zweiten Ranges) werde „gegen das Ende hin unruhig“, weil Spannkraft und Überblick nachlassen.

Das überraschende Vorgebirge, das „jählings eine neue Perspektive bietet“, hat Ernst Bertram (Nietzsche. Versuch einer Mythologie. 6.Aufl. Berlin 1922, S. 275) als Typus von Nietzsches Denken und als Lieblingsform seiner Sätze dargestellt: „Selbst bis in den Bau seiner Sätze wirkt sich diese Kunst des Endes aus: ein Lieblingstypus Nietzsches ist die Satzform, welche den ebenmäßigen Grat des Gedankens über seinen scheinbaren Abschluß hinaus zu einem überraschenden Vorgebirge verlängert und umbiegt, zu einem Kap, das jählings eine neue Perspektive bietet, das zu neuen Küsten wie ein neuer Brückenpfeiler hinüberweist - und sich zugleich schon zur Fläche des Schweigens hinunterfallen lässt. Diesem Vorgebirgstypus seiner Sätze begegnet man durchgehend“ (ebd.).

Die drei einzelnen Gipfel des Vorgebirges bringen überraschende Wenden in den Perspektiven, pointiert stehen sie für sich und heben sich ab. Das Ganze dieses Gebirges ist rhythmische Bewegung, zuerst ein lento des sanften Absteigens. Plötzlich aber schnellen zierliche Gipfel hervor, wie Blüten deren Knospen man kaum ahnte. Bei der Gestaltung kommt es auf den Rhythmus der Sache an. Die gestaltete Ganzheit ist das Ziel der Bewegung.

So könnte man Nietzsches Denken in der Form seiner Aphorismen beschreiben. Seine Gedanken erklingen vielstimmig, in einem sehr heterogenen Stil: vordergründige („exoterische“) und verborgene („esoterische“) Perspektiven treffen aufeinander. Unerwartet sprießen esoterische Gedankengipfel wie Blüten aus dem Pflanzen-Dickicht vielfältiger Betrachtungsweisen hervor. Nietzsche gestaltet manch Vordergründiges, um seine Preziosen zur Geltung zu bringen und gekonnt zu verbergen. Mit der Kunst seiner Aphorismen tritt Nietzsches Denken nicht etwa als Oper auf, sondern erklingt als Kammennusik, um sich seinem großen Ziel „wir aber wollen die Dichter unseres Lebens sein, und im Kleinsten und Alltäglichsten zuerst“ (FW 299) sanft zu nähern.

Um Ja sagen zu können, bedarf es der KUNST DER PERSPEKTIVEN-WECHSEL: „Sich von den Dingen entfernen, bis man Vieles von ihnen nicht mehr sieht und Vieles hinzusehen muss, um sie noch zu sehen - oder die Dinge um die Ecke und wie in einem Ausschnitte sehen - oder sie so stellen, dass sie sich theilweise verstellen und nur perspectivische Durchblicke gestatten - oder sie durch gefärbtes Glas oder im Lichte der Abendröthe anschauen“ (FW 299).

Literatur:

Strobel, Eva: Das "Pathos der Distanz": Nietzsches Entscheidung für den Aphorismenstil. Würzburg, 1998.

Strobel, Eva: Nietzsches Philosophie der Bejahung. Tübingen, 2000

Christina Stroh

Warum nur, warum nur?

Wie kann es sein, dass wir selbst, jeder für sich einzigartiger und alleinstehender Träger seiner selbst, beirrbar aber doch stets Besitzer eherner Eigenheit, beeinflussbar aber doch stets auf eigener, unverwechselbarer Fährte, so wenig von uns wissen?

Und wo schleicht sich in dieser durch Fremdelei und Einander-nicht-begegnenwollen ertrinkenden Welt die Vertrautheit mit uns selbst herum? Wo ist der Hafen, welcher einem jeden von uns das Ankommen schenkt, dürfen wir ihn je werfen, jenen Anker welcher uns Ruhe und den Frieden des Moments schmecken lässt? Gibt es ihn überhaupt und wenn ja, warum finden wir ihn nicht in unserem Innersten, unserem Selbst?

Nietzsche sagt, jeder ist sich selbst der Fernste, Nietzsche sagt: „Wir bleiben uns nothwendig fremd, wir verstehen uns nicht, wir müssen uns verwechseln..“.

Und er hat Recht.

Es gibt nur einen Grund, aus welchem wir uns notwendigerweise nicht an uns selbst gewöhnen - weil wir Menschen sind, Menschen, im Gestern geboren und ewiglich nach vorne strebend.

Wir reden von der 'guten alten Zeit' und wissen nicht, wovon wir da reden - weil wir die ewig Werdenden sind. Wir sind auf eine Lebensspule des nicht enden wollenden Kommens und Gehens gewickelt und so sehr wir auch bleiben wollen - unser Werden macht uns einen Strich durch die Rechnung.

Das Bleiben ist eine uns fremde Sprache, trotzdem wir jeden ihrer Dialekte zu beherrschen glauben - und so verwechseln wir uns. Weil wir uns in einem fiebrigen Satz des Gesterns wieder zu erkennen glauben, der uns längst kein Zuhause mehr bietet, den wir längst überflogen haben, dem die Vogelperspektive kein langes Leben geschenkt hat.

Wir müssen uns verwechseln, ja. Weil wir weiter müssen, nach vorne, ins Später und ins Morgen. Doch ersticken wir nicht an Fremdheit unserer selbst. Denn wir gewöhnen uns an unsere Unruhe, unsere denkmalsichere Unrast, wir halten inne im Weiterwollen. Wissen, dass wir müssen.

Teresa Strohm

Zum Zwecke des Lebens

Jeder Mensch, jedes Volk und jede Kultur benötigt ein gewisses Maß an Vergangenheit zum Zwecke des Lebens.

Hätten wir keine Vergangenheit, kein Wissen von ihr, keine Wurzeln, so fiele uns das Leben nicht leicht, denn gerade dadurch werden wir geprägt. Wir lernen aus begangenen Fehlern, wir schwelgen gerne in Erinnerungen, wir hören gerne Geschichten aus vergangenen Zeiten – zum Zwecke des Lebens.

Jedoch liegt die Betonung bei Nietzsche auf dem gewissen Maß, denn ein bestimmter Grad an Historie wiederum „schadet dem Lebendigen."

Denn hindert uns nicht gerade die Vergangenheit daran, im Hier und Jetzt zu leben, den Blick auf die Zukunft zu richten?

Ich als Geschichtsstudentin sage nein, denn unsere Gegenwart baut auf die Vergangenheit auf; es ist relevant und auch außerordentlich interessant den Lauf der Zeit zu beobachten, zu erkennen und zu analysieren – zum Zwecke des Lebens.

Selbst wenn dieses Erkennen, diese Analyse subjektiv geschieht, ist es doch nötig, sich damit auseinanderzusetzen – zum Zwecke des Lebens.

Die „historische Gesundheit" besteht bei Nietzsche darin, sich einen begrenzten Horizont erschaffen zu können, loslassen und vergessen zu können. Doch ist es nicht wichtig, die Vergangenheit nicht zu vergessen, sondern sich eben darauf zu besinnen – zum Zwecke des Lebens?

Nietzsche räumt ein, dass es eine Gefahr für das Leben bedeutet, die Historie zu vernichten, man könne sich nicht komplett davon lösen. Und genau das ist es, was die Geschichte ausmacht, man kann sich nicht loslösen von ihr, man muss sie nur mit einer gewissen Distanz betrachten – zum Zwecke des Lebens.

Diese Distanz muss jeder für sich selbst festlegen, das Verhältnis zur Vergangenheit ist individuell verschieden, doch außer Frage steht, dass wir alle Produkte unserer Vergangenheit sind und uns deshalb mit ihr auseinandersetzen müssen – zum Zwecke des Lebens.

Literatur: Friedrich Nietzsche, Unzeitgemäße Betrachtungen. Zweites Stück: Vom Nutzen und Nachteil der Historie für das Leben. Aus: Friedrich Nietzsche. Werke in drei Bänden. Hg. von Karl Schlechta. München: Hanser, 1977 (8. Auflage)

Thomas Sukopp, Braunschweig

Hoch über allen Dingen? Ein kleiner Streifzug durch die „Fröhliche Wissenschaft“

An Nietzsche scheiden sich die Geister, insbesondere entscheiden sich diejenigen Geister schnell, die nicht einmal flach sind: Nietzsche polarisiert. Ich lese Nietzsche seit meinem Studium, seit ungefähr zehn Jahren. Meine Bemerkungen über Nietzsche sind entstanden, gewachsen, revidiert durch Lektüre eines zentralen Werks namens „Die fröhliche Wissenschaft“, das ich in einem Seminar im Wintersemester 2007/08 an der TU Braunschweig zur Diskussion gestellt habe. Als analytisch orientierter Philosoph mit Hang zur möglichst genauen Rekonstruktion eines Textes habe ich ungeheuer profitiert. Dieser Bericht wird eher persönlich ausfallen, denn jeder ernste Zugang zu Nietzsche ist ein persönlicher, da sich Nietzsche wie kaum ein anderer nicht zur Kanonisierung, zur Schulenbildung und ähnlichem eignet. In Klammern findet der Leser die jeweiligen Aphorismen, auf die ich Bezug nehme.

Nietzsche: Das Dynamit, das die Rahmen sprengt

Wenn wir Nietzsche oft nicht fassen, dann nicht, weil er unfassbar oder schwer zu fassen ist, sondern weil er so Vieles ist, schreibt und denkt: Er ist Polyperspektivist, Entzauberer, Seismograph, Künstler mit dem Hang zur Kulturkritik, Neuerer, Analytiker, Revolutionär, Konservativer, Philologe, Musiktheoretiker, Erkenntnistheoriekritiker, Moralist und sogar Ethiker, gekränkter Idealist und ängstlicher Adler (Werner Ross), ein einzelgängerischer Philanthrop, lechzend nach Nähe und nach neuen Menschen, die auf seinem Nährboden so wachsen, dass seine Philanthropie den Namen verdient. An dem *Phänomen* Nietzsche scheiden sich viel eher die Meinungen als sich die Geister an dem *Philosophen* Nietzsche scheiden können. Der Mensch Nietzsche interessiert mich hier höchstens am Rand. Der Philosoph Nietzsche ist ein Unzeitgemäßer, ein zu früh Geborener, jemand, der erst spät und heute immer noch entdeckt wird. Dieses Schicksal teilt er übrigens mit seiner größten Hassliebe, Richard Wagner.

Nietzsches „Fröhliche Wissenschaft“: Eine große Fülle des philosophischen Übermaßes

Ich gebe es zu: Das Pathos, mit dem Nietzsche nicht nur seine philosophische Genesung feiert (Vorrede), schreckt mich zuweilen ab. Diese Abschreckung ist marginal, denn selbst wenn Nietzsche seine philosophischen Schwächen zelebriert, können wir noch von ihm lernen. Meinem Bekenntnis, dass sich Philosophie als lebenslange Anstrengung lohnte, wenn es nur einen Philosophen, nämlich Nietzsche gäbe, möchte ich Taten folgen lassen: Fingerzeige, Hinweise, sogar Argumente, was Nietzsche einzigartig und bedenkenswert macht. Dass ich kein Nietzscheaner bin, möge man mir glauben, denn ich habe Respekt vor Nietzsches Wunsch, er möge keine Jüngerschaft haben.

Entgegen vieler Urteile und Vorurteile ist der Aphoristiker Nietzsche kein Aphoristiker aus Verlegenheit, eher aus Überlegenheit. Auch das Verdikt, Nietzsche entziehe sich systematisch dem Diskurs (Habermas), ist unangebracht. Nietzsche schlägt zwar über die Argumentationsstränge, aber eben nicht antiargumentativ, sondern aus der „Sache heraus“.

Die „Sache“ ist zugegebener Maßen nicht immer leicht auszumachen. Nietzsche ist Ästhetiker, Erkenntniskritiker, Metaphysiker, Wissenschaftstheoretiker, Ethiker, Moralist, Kulturphilosoph, Sozialphilosoph und vieles mehr in der „Fröhlichen Wissenschaft“. Ich möchte in diesem Bericht nur auf drei Zusammenhänge aufmerksam machen, die für die Lektüre anderer Schriften Nietzsches ebenfalls bedeutsam sind.

Nietzsche: Ein Moralist?

Ich halte mich weitgehend an die Maßgabe Giorgio Collis, der meint, man solle Nietzsche nicht zitieren, weil man ihn so leicht fälscht. Allerdings ist es bedenklicher, ihn nicht zu zitieren und trotzdem zu denken, jeder wisse schon, was gemeint sei. Sicher findet sich auch das „Metall Moral“, wenigstens als Erz, im Steinbruch Nietzsches. Erleben hat immer auch eine moralische Qualität (114). Reines, interesseloses Erkennen gibt es nicht (37). Dass Nietzsche kein Vertreter eines moralischen Nihilismus ist, wird schon in Aph. 58 deutlich (genauer siehe 345 und 346). Zur Genese unserer moralischen Vorstellungen (siehe auch 352, 353) und zur Notwendigkeit der „Heerden-Moral“ finden wir in Aph. 114-122 . Was Nietzsche sicher modern macht, ist seine Skepsis gegen manchen moralischen Universalismus (bereits Aph. 1) und seine Forderung, Moral müsse empirischen Gegebenheiten Rechnung tragen. So nennt er in Aph.

4 auch „die bösen Triebe“ zweckmäßig, er entlarvt „Liebe“ (14) und „Altruismus“ (19) als überstrapazierte Konstrukte und argumentiert, jede Form des kategorischen Imperatives und überhaupt jedes unbedingte Sollen unterstützte Servilität als Zweck der Moral (5).

Nietzsche: Das Leben als ästhetisches Phänomen

Wir wissen, dass Nietzsche sich als Komponist sehen wollte und dass sein Scheitern auf diesem Gebiet sicher für seine intellektuelle Biographie eine große Rolle spielt. Das Leben sei „nur als ästhetisches Phänomen“ erträglich (107). Auch am Ende der „Fröhliche[n] Wissenschaft“ in Aph. 59 und z. B. in 369 bezeichnet sich Nietzsche ausdrücklich als Künstler. Was meint er damit? Schaffen, die Dinge umbenennen und ihnen so durch Gewöhnung, durch Transformation und Fortschreibung zum Sieg zu verhelfen, die „Natürlichkeit zu verachten“ (59), ein weiser Thor (107) sein, der „alle übermüthige, schwebende, tanzende, spottende, kindische und selige Kunst“ braucht, um „jener Freiheit über den Dingen nicht verlustig zu gehen, welche unser Ideal von uns fordert“ (ebenda). Das Ideal meint, intellektuell redlich und damit gefährlich zu leben, d. h. mit dem Schiff in unerforschten Meeren segeln (283, 289; siehe auch Aph. 60).

Nietzsche: Wie Kunst, Religion und Moral doch zusammen gehören

In Aph. 78 stellt Nietzsche die Wirkungsweise von Religion als „Vergrößerungsglas“ analog der Wirkung von Kunst auf unsere Selbstsicht dar. Was hat das mit Moral zu tun? (Die Unterscheidung von ethischem Verhalten und moralisch korrektem Verhalten etc. spare ich mir an dieser Stelle.) Kunst vermag es, dass Alltagsmenschen sich „aus der Ferne und gleichsam vereinfacht und verklärt ansehen könne[n].“ Kunst macht uns so vor uns selbst erträglich, was sicher mit Recht als eine Voraussetzung zur Fähigkeit moralischen Handelns gesehen werden kann. Religion kann sich, so vermutet Nietzsche, ein ähnliches Verdienst auf die Fahnen schreiben: Wie durch ein Vergrößerungsglas hat Religion aus dem Sünder „einen großen, unsterblichen Verbrecher“ gemacht, indem sie „ewige Perspectiven um ihn beschrieb“. Diese erstaunliche Parallele verdient sicher in der Nietzsche-Forschung größere Aufmerksamkeit als ihr bisher zuteil wurde.

Uwe Thater, Hamburg

Wenn ich ein Gott wäre ...

Ein Zeitalter geht zu Ende: die europäische Neuzeit. Was auch immer mit ihr untergehen mag, ihr wichtigster Irrtum und Irrwitz ist uns bis jetzt erhalten geblieben – ihre weltanschauliche Desorientierung. Neuzeit, das hieß jahrhundertelang: Entweder christliche Religion oder gar keine Religion. Dieser Konflikt speiste und verschärfte die neuzeitliche Dynamik. Das aber heißt: Entweder Unsinn oder Krankheit – entscheidet euch!

Denn beides ist zutiefst falsch: Die christliche Dogmatik ist das am gründlichsten widerlegte Lehrgebäude überhaupt (500 Jahre Neuzeit haben an dieser Widerlegung gearbeitet). Aber zugleich ist auch jene modernistische Idee, Religion sei ein absterbendes Kulturphänomen, endgültig widerlegt. Religion ist vielmehr eine anthropologische Konstante (wie Sprache, wie Technik). An dieser Grundtatsache wird auch der konfus gemachte, nachgiebige, verwirrte Europäer nicht vorbeikommen. Die Geschichte geht weiter – mit oder ohne dass eine spezifisch europäische Geistigkeit an ihr teilhat.

Die Geschichte der Neuzeit ist die Geschichte der vor das Tribunal der Vernunft zitierten Zivilisation. Bei dieser – von allerlei Prozesshanselei begleiteten – peinlichen Untersuchung sind eigentlich alle Kategorien ins Wanken geraten: Mensch, Geschichte, Wahrheit, Metaphysik, Heroismus, Subjektbegriff – und insbesondere auch alle Varianten eines naiven Rationalismus und Szientismus schmecken nun schal. Neuzeitliche Rationalität hat jedoch nicht etwa dem Christentum selbst die schwersten Beeinträchtigungen seiner Wirkung zugefügt, sondern vielmehr der meditativen Einkehr als solcher. Ein kluger Sinn für Reife ging verloren. Und ebenso das spirituelle Wissen darum, wie ein Mensch sich und andere dazu erziehen kann, innengeleitet und nicht fremd bestimmt zu leben. Der religiöse Alleinvertretungsanspruch des Christentums in Europa blieb dagegen erhalten! (Ganz genauso wie die gewaltige strukturelle Macht eines gähnenden Sonntagschristentums weit über christliche Glaubensinstitutionen hinaus.)

Mit Friedrich Nietzsches Satz „unser Leib sei weiser als unser Geist“[1] hebt eigentlich die Nach-Moderne an, von der heute so viel Unverständiges geredet zu werden pflegt. Aber es trifft zu: Europäer der jüngeren Zeit sind samt und sonders De-Sublimierer. Wir Europäer haben uns ein ganzes 20. Jahrhundert lang in De-Sublimierungen geübt. *Jene uralte Sublimierungskultur, die unser Empfinden von unseren Körpern trennt, können wir schon seit langem nicht mehr ertragen.* Und wir haben dabei alles und jedes in Klump gehauen – das Gezierte – das Exquisite, das Zimperliche, das Formelle, das Tradierte –, alles, was uns in die Quere kam.

Naturwüchsig sind wir dabei nicht geworden. Auch nicht selbstsicher: Vielmehr ist eine maßlose Skepsis zu unserer eigentlichen Lebensform geworden. Daran leiden wir. In dieser von kraftlosem Zaudern beherrschten Situation – mitten in diesem liberalen Ich-weiß-nicht-weiter –, ist uns nichts widerlicher als „abstrakt“ und „theoretisch“ zu sein. Es ist ihr ganzer Körper und es sind alle ihre Wahrnehmungen, es ist ihre volle Lebenserfahrung und Menschenkenntnis, die Europäern sagt: Einfach bloß zustimmen, Fan sein, affirmativ sein, ein halb irrer Enthusiast sein – das ist gesund.

Und genau deshalb werden wir alle weiter *de-sublimieren*. Jetzt sind unsere Körper dran mit De-Sublimierung. Das Tanzen, das Toben, das Body-Shaping bis zur Selbstauflösung.

Im Kontext in sich logischer Beobachtungen in „Morgenröthe“ schreibt Nietzsche 1881: „Wäre ich ein Gott, und ein wohlwollender Gott, so würden mich die Ehen der Menschen mehr als alles Andere ungeduldig machen.“[2] Er nennt Epikur als den ersten Ungeduldigen dieses Typs, der den Hedonismus in „Stille und Seligkeit“ fern von allen Liebeshändeln gesucht habe. Nietzsche lässt diese Ungeduldigen sagen: „„es kann aus der Menschheit auf die Dauer nichts werden, die Einzelnen werden verschwendet, der Zufall der Ehen macht alle Vernunft eines grossen Ganges der Menschheit unmöglich““.

Damit ist das Problem der Eugenik angesprochen. Erbgesundheitslehre und Erbgesundheitspflege; generell ein unhandliches Thema, unter modernistischen Verhältnissen, aber ein unmögliches – ein alle Gleichheitslehren und Fortschrittsparolen schroff dementierendes – Thema.

Es muss etwas Besonderes auf sich haben mit all diesem „Komfort“, mit all

1 F. Nietzsche, Also sprach Zarathustra I (1883), Abschnitt. „Von den Verächtern des Leibes“.

2 Ders., Morgenröthe (1881), III, § 150.

diesem „Erfolg“ und mit dieser bequemen, komfortablen „Sicherheit“, dass dabei die Fortpflanzung so nachhaltig geschädigt wird. Alles ist geregelt und alles ist perfektioniert, *nur der technisch überall störende Humanfaktor stirbt dramatisch schnell weg*, wird chronisch depressiv oder degeneriert in die bizarrsten Formen, die noch vor kurzem nur als Kuriosa in Medizinlehrbüchern zu finden waren. Menschen gibt es – in diesem Zivilisationsmodell einer anonymen Massengesellschaft – eigentlich viel zu viele; aber dort, wo sie gebraucht werden, da sind immer viel zu wenige. Seltsam ist das. Sehr, sehr seltsam; denn es kann daraus nur folgen: Die Menschen, die es gibt, braucht man nicht; und die, die man braucht, die gibt es noch nicht. Aber warum ist das bloß so? Warum?

Ganz einfach: *Die technische Zivilisation spielt Original und Fälschung mit uns: „Wer findet zuerst die 15 Fehler?“* Das wirkliche Leben, unsere Existenz, ist längst zu einer Fehlkopie technischer Vorlagen und Modelle geworden, zu einem ständigen Hindernis für die Ausbreitung von Maschinen, zu einem Areal von menschlichen Ausschussexemplaren. Wir alle sind heute nurmehr nichts als schlechte Roboter. Wir waren spirituell so blind, dass wir zugelassen haben, dass eine technische Zivilisation Homo Sapiens definiert als ein vorwiegend ungeeignetes Bauelement von Megamaschinen. Wir selbst sind desto antiquierter, je lebhafter, je gesünder, je instinktsicherer wir noch auftreten. Jeder von uns müsste völlig umgebaut werden, um – in irgendeinem „modernen“ Sinne – noch angepasst sein zu können an solcherlei keimfreie, ornamentlose, technisierte Lebensräume, wie sie uns umgeben.

In der Theorie und im Planungszustand ist dieses Leben perfekt, da aber, wo es tatsächlich stattfindet, da sieht man überhaupt keine Menschen mehr, sondern stets nur unbeholfene Menschendarsteller, unfassliche Behinderungen, heimliche Krankheiten, bestürzende Missgestaltigkeit millionenfach und absonderliche Hobbies (ganz so, als ob Außerirdische uns eine Legende aufsagen, die sie menschenähnlicher machen soll). Kümmerlich asexuelle Existenzen, die Familien gründen; massenhaft diese Biographien, die in Tablettensucht, Alkoholismus und in völliger Isolation versickern. Genau das aber sind gerade nicht „Randerscheinungen“ (wie der sozialstaatliche und sozialpädagogische Jargon dauernd behauptet), sondern genau das ist das eigentliche, das gesetzmäßige Gesicht des Modernismus: Verhässlichung, Zersetzung und genetischer Verfall ist die *Selektionsrichtung* jeder modernistischen Zivilisation. Eine „Randerscheinung“ ist dort vielmehr der ganzgebliebene Mensch! Wir alle wohnen nämlich einem Züchtungsprojekt bei: *Abschaffung des rassigen, stolzen, eigensinnigen Menschen; Züchtung dagegen eines rasselosen, sich selbst peinlichen, verkabelten, technisch gesteuerten Massenmenschen – die Züchtung der <u>industriellen Rasse</u>. Die Züchtung eines ultimativ maschinentauglichen neuen Typus Mensch.* Eine vom Alltag abgekoppelte Medien-Realität verhüllt diesen Prozess, sie überblendet all diese Metamorphosen mit strahlender Fehlerlosigkeit.

Wollen wir das? Halten wir das für „Fortschritt"? Folgt diese Notwendigkeit aus all den Freiheitsaufständen von zwei Jahrhunderten? Wie hängen Anthropologie und Religion, Rausch und Maß, Ritual und die *Wiedererlangung einer Weisheit unseres Körpers* miteinander zusammen?

Friedrich Nietzsche, der Philosoph des Fingerzeigs, teilt uns in seinem Nachlass eine Beobachtung mit, die genau diese Verknüpfung herstellt. Er sagt: „Man muss sehr grob sein, um nicht die Gegenwart von Christen und christlichen Werten als einen *Druck* zu empfinden, unter dem jede eigentliche Feststimmung zum Teufel geht. Im Fest ist einbegriffen: Stolz, Übermut, Ausgelassenheit; die Narrheit; der Hohn über alle Art Ernst und Biedermännerei; ein göttliches Jasagen zu sich aus animalischer Fülle und Vollkommenheit – lauter Zustände, zu denen der Christ nicht ehrlich ja sagen darf. *Das Fest ist Heidentum par excellence*"[3].

Alle Lebensäußerungen changieren in ihrem Gefühlsmaß. Und sie formen sich aus, je nach dem Übergewicht von Schwermut oder Rausch das in ihnen wirksam ist.

Erkennen wir die Wirklichkeit so, wie sie ist? Keineswegs, denn das Leben ist wesentlich dümmer und brutaler (aber auch dämonischer), als es uns erscheint. Allerdings ist es Teil der seelischen Gesundheit, nicht wirklich zu vollem Bewusstsein dieses Verhältnisses zu gelangen. Spiel, Traum, Rausch, Gesang, Tanz und mehr – all dies ist die vitale Grundlage jedes aufsteigenden Lebens.

Kein philosophischer Konflikt ist deshalb tiefgreifender und umfassender, als der in Arthur Schopenhauers und in Friedrich Nietzsches Denken erscheinende. Es ist der Konflikt zwischen Melancholie und Euphorie. Jene beiden Philosophen verkörpern das wahrhaftigste, reinste, ja überzeitliche Dokument dieser Gefühlsgrößen: Sie haben einem höchsten Grad von Melancholie und von Euphorie eine Sprache gegeben, der beide Gefühle als tatsächlich unvermischbar – und als *Wesenheiten* – herausstellt.

Vor Schopenhauer glaubte alle Welt, die Schwermut einer bloßen Stimmungslehre und Körpersäftetheorie zuordnen zu können. Und vor Nietzsche glaubte alle Welt, unser Wissen über Rausch sei außerhalb jeder Philosophie am besten aufgehoben. Das ist jetzt grundlegend anders: Ein Zeitalter geht zu Ende.

---

3 F. Nietzsche, Werke in drei Bänden, hg. v. K. Schlechta, Bd. III, München [5]1995, S. 429.

Johanna Wagner, Karlsruhe

Nietzsche: sein Mitleid und mein Mitleid

Mitleid „ist ebenso als *Multiplikator* des Elends wie als *Konservator* alles Elenden ein Hauptwerkzeug der *décadence*, – Mitleiden überredet zum Nichts! ...“[1]

Als ich zufällig bei einer recht wahllosen Nietzsche-Lektüre auf diesen Satz stieß, musste ich zuerst einmal stutzen. Diese Auffassung von Mitleid stand meiner persönlichen Erfahrung völlig entgegen. Hatte ich Mitleid bisher doch als den Affekt erlebt, der half Leid zu mindern und zu überwinden. Wie hat Nietzsche das denn gemeint? Diese Frage galt es mir nun zu beantworten.

Nietzsche wollte mit seiner Kritik am Mitleid einer Strömung entgegenwirken, die v. a. durch das Mitleidsverständnis Schopenhauers geprägt war. Dieser sah das Mitleid als den Affekt an, der den Menschen zu moralischen Handlungen veranlasst. Nietzsche spricht von dieser Lehre wie von einer Krankheit: „ich verstand die immer mehr um sich greifende Mitleids-Moral, welche selbst die Philosophen ergriff und krank macht, als das unheimlichste Symptom unsrer unheimlich gewordnen europäischen Cultur“[2].

Das Mitleiden mit einem Schwachen gilt Nietzsche „an sich als Schwäche, als Einzelfall der Widerstands-Unfähigkeit gegen Reize“[3]. Dafür liefert er mehrere Begründungen. So verurteilt er Mitleidige, die aus reinem Egoismus handeln und sich durch ihre Hilfstaten Beifall und Bewunderung erhoffen.[4] Ebenso sieht Nietzsche das Leiden als eine notwendige Erfahrung an, die den Menschen prägt und ihm neue Erkenntnisse ermöglicht. Ein Mitleidiger, der den Leidenszustand verhindern möchte, greift so „geradezu zerstörerisch in ein grosses Schicksal“[5] ein. Nicht zuletzt vermehrt Mitleid das Leid, da dem Leidenden

---

1 F. Nietzsche, Werke in drei Bänden, hg. v. K. Schlechta, Bd. II, München [5]1995, S. 1168.

2 Ebd., S. 767.

3 Ebd., S. 268.

4 Vgl. ebd., S. 1105 f.

5 Ebd., S. 268.

seine eigene Schwäche umso bewusster wird und der Mitleidende in einen melancholischen, lähmenden Zustand gerät.[6] Damit ist den Schwachen auch ein Machtmittel gegeben: „Der Unglückliche gewinnt eine Art von Lust in diesem Gefühl der Überlegenheit, welches das Bezeugen des Mitleids ihm zum Bewusstsein bringt".[7] Gut beobachten können wir diese Form der Machtausübung beispielsweise bei einem kleinen Kind beobachten, das im Supermarkt so lange weinen, bis die Mutter Mitleid bekommt und ihm doch den Schokoriegel kauft.

Dagegen hilft nach Nietzsche nur eine gewisse Härte und Distanz, die gegenüber schwachen Menschen eingenommen werden muss. Schwach sind diejenigen, die in der Masse untergehen und keinen Mut zur Wahrheit besitzen.

Anders verhält es sich mit der „vornehme[n] Seele"[8], dem starken Menschen, der sich als Individuum hervortut. Unter ihresgleichen herrscht eine gewisse Solidarität, die einem zu jeder vornehmen Seele gehörenden Egoismus entspringt. Wobei dieser Egoismus sehr positiv zu verstehen ist und zu einem gegenseitigen Geben und Nehmen führt.

Diese Aussagen sind nicht nur Spitzen gegen Schopenhauer, sondern auch gegen das Christentum, die „Religion des Mitleidens"[9]. Der Zwang zum Mitleid, den das Christentum mit seinem Gebot der Nächstenliebe ausübt, ist in jedem Fall abzulehnen. Letztendlich muss man hinter die Polemik Nietzsches blicken, um zu erkennen, dass es ihm wohl nicht in erster Linie um die Verdammung des Mitleides an sich ging, sondern um eine Kritik an der Bestimmung dieses Affektes zur Basis unserer moralischen Handlungen und an der Verherrlichung des Mitleids zum Lebensprinzip.

---

6 Vgl. F. Nietzsche, Werke in drei Bänden, hg. v. K. Schlechta, Bd. I, München ^{5}1995, S. 1107.

7 Ebd., S. 486.

8 F. Nietzsche, Werke in drei Bänden, hg. v. K. Schlechta, Bd. II, München ^{5}1995, S. 220.

9 Ebd., S. 1168.

Kristin Weinstock, Karlsruhe

Friedrich Nietzsche – „Gott ist Tod"

Friedrich Nietzsche ist ein in Relation zu seinen Kollegen noch ein junger Philosoph. Doch macht dies seine Thesen automatisch zeitgemäß? Sicherlich nicht alle. An Hand der momentanen Kirchenzahlen lässt sich die Aktualität der Aussage „Gott ist tot" jedoch nicht leugnen.

„Habt ihr nicht von jenem tollen Menschen gehört, der am hellen Vormittag eine Laterne anzündete, auf den Markt lief und schrie: 'Ich suche Gott! Ich suche Gott!' [..] 'Wohin ist Gott?' rief er, 'ich will es euch sagen! Wir haben ihn getötet – ihr und ich! Wir sind seine Mörder! Aber wie haben wir das gemacht?'"[1]

Für Nietzsche war der monotheistische Schöpfergott eine Erfindung der Menschheit. So lange der Idee „Gott" Glauben geschenkt wurde, war „Gott" lebendig. Seinerzeit setzten sich vor allem die Natur- und Geisteswissenschaften durch. Diese machten den christlichen Gott und damit die christliche Welt unglaubwürdig. Für Nietzsche, der selbst aus einem christlich geprägten Elternhaus kam, schien es, als ob „Gott" auf Grund des Mangels an Glauben stirbt. Dazu muss gesagt werden, dass Nietzsche die christlichen Wertvorstellungen ablehnte.

Schenkt man den aktuellen Kirchenmitgliederzahlen Glauben, so befindet sich wohl der Großteil der deutschen Bevölkerung immer noch auf der Suche nach Gott. Betrug der Anteil an Kirchenmitgliedern im Jahr 1900 noch gut 92 % verringerte er sich stetig auf 49 % im Jahre 2003 für den Großraum Frankfurt. Bundesweit wurde ein Schrumpfungstrend von 0,3 % bei den Protestanten sowie 0,2 % bei den Katholiken pro Jahr ausgemacht. Für den konservativen Freistaat Bayern heißt das, ein durchschnittlicher Mitgliederrückgang der Katholischen Kirche von 50.000 – 100.000 Person pro Jahr. Die Begründung ist einleuchtend: Es herrscht ein Sterbeüberschuss gegenüber den Taufen, ebenso treten mehr Mitglieder aus als ein.

Es scheint als seien die Menschen noch nicht von ihrer Suche nach Gott zurückgekehrt und würden es, auf Grund des Überangebots an naturwissenschaftlichen Erklärungen auch so schnell nicht tun. Schon immer konnten nur solche Ideen wachsen, an die geglaubt wurde. Vielleicht sollte sich die Kirche an der Moder-

1 Friedrich Nietzsche, Die fröhliche Wissenschaft, München 1959, S. 166f.

ne orientieren, ihre alten Werte neu und frisch verpacken, bevor es niemanden mehr gibt der an Gott glaubt, und sie eine Antwort auf die Frage *„Was sind denn die Kirchen noch, wenn sie nicht die Gräber und die Grabmäler Gottes sind?“*[2] finden müssen.

---

2 Friedrich Nietzsche, Die fröhliche Wissenschaft, München 1959, S. 166f.

Christoph Weißermel, Braunschweig

Friedrich Nietzsche: Freiheit und Individualität

Was Friedrich Nietzsche gewaltig im „Also sprach Zarathustra“ verkündet, ist eine Frohe Botschaft.

Nicht eine religiöse, nicht die Ankunft eines Heilsbringers, sondern die der Freiheit und der dadurch ermöglichten Selbsterkenntnis.

Dass Nietzsche von überkommenen Normen und einer (kleingeistigen) moralischen Verengung befreien will, haben selbst seine Kritiker verstanden. Dass es aber auch Ängste sind, gegen die er sich wendet, wird schlechterdings verkannt.

Nietzsche stellt den Menschen in den Mittelpunkt seines Denkens. Und wo vom Übermenschen die Rede ist, handelt es sich nur um dessen höchste Form, um den Menschen in seinem ewigen Drang, der selbst und emanzipiert genug ist, Tradiertes umzuwerfen. Der nicht mehr Geschöpf ist, sondern selber schafft, aber eben auch verwirft. Alte, falsche Werte, allerdings auch Verblendung, Einbildung, ein überkommenes Selbstverständnis. Der sich entwirft, sich bestimmt; unzufrieden ist, aber mit sich selbst und sich selbst doch nicht verkennt. Dessen Streben sein Evangelium ist, dessen Entwurf sein Gott, nur einer, der umgeworfen und neu gedacht werden kann – und der nicht, im Unterschied zu jener unheilschwangeren Unsäglichkeit der konventionellen Religionen, zu heiligen und zu verdammen imstande ist, sondern immer nur geheiligt und verdammt werden kann.

Die Vertreter dieser jenseitsbezogenen Religionen nennt er scharfsinnig „Prediger des Todes.“, da sie notwendig dem tatsächlichen irdischen Leben seinen eigentlichen Wert nehmen. Das Diesseits verkommt zum bloßen Zweck, zur Bewährungsprobe, an deren Ende Himmel oder Hölle steht.

„Durch die sichere Aussicht auf den Tod könnte jedem Leben ein köstlicher, wohlriechender Tropfen von Leichtsinn beigemischt sein – und nun habt ihr wunderlichen Apotheker-Seelen aus ihm einen übelschmeckenden Gift-Tropfen gemacht, durch den das ganze Leben widerlich wird!“[1]

Das ist es, wovon Nietzsche befreien will. Nicht jene ihm vielfach vorgeworfene faschistoide Gottlosigkeit ist es, die er predigt, sondern das unbedingte Bekenntnis zum Menschen und zum Leben. Der Mensch ist frei, weil das Leben als frei gilt und nicht als Hypothek, als Belastung.

Dass es Nietzsche gelingt, diese theoretischen Überlegungen auch emotional begreifbar, in des Wortes eigentlichem Sinne erfahrbar zu machen, ist vielleicht sein größtes Verdienst für Philosophie und Literatur.

Die Großartigkeit einer Sprache, die nicht nur mit Leichtigkeit zwischen beißender Polemik und diffizilem Scharfsinn hin und her zu springen, sondern beides auch zu verbinden vermag und so in der deutschen Literaturgeschichte – und möglicherweise nicht nur in der deutschen - einmalig ist.

Die schon erwähnten „Prediger des Todes“ sind Beispiel für die ihm so eigene gedankenreiche Tiefe hinter einprägsamen Formeln.

Den Mensch in den Mittelpunkt zu stellen, ihn zu heiligen, ist nicht nur eine Lehre für Religion und Philosophie, sondern, wie makaber es auch klingen mag, auch in Politik und Gesellschaft von unveränderter Aktualität.

Wenn ein besonders spaßiger Geselle in seinem Buch „Das Ende der Spaßgesellschaft“ allen Ernstes fordert, den Menschen aus dem Zentrum der Politik zu vertreiben und an seine Stelle Gott zu setzten, dann ist Nietzsches Philosophie auch in der Politik, entgegen aller Dämonisierung und vielfach versuchten moralischen Kreuzigung, in entscheidenden Ansätzen eine durchaus heilsame und notwendige.

„Jetzt liebe ich Gott: die Menschen liebe ich nicht. Der Mensch ist mir eine zu unvollkommene Sache.“[2], lässt Nietzsche aus dem Mund eines Verblendeten und Frustrierten sprechen. Zarathustra, jener Verkünder der Philosophie Nietzsches, der in den letzten Schriften des langsam aus dieser Welt gleitenden Philosophen eine ironischerweise geradezu heilsbringerische Rolle einnimmt und der Namensgeber des sprachgewaltigsten Werkes Nietzsches ist, antwortet hingegen: „Ich liebe den Menschen.“

---

1 KSA 2, 695

2 KSA 4, 13

Dabei ist die Liebe seiner Lehre weniger das Befreitsein, weniger die Selbstbestimmung dieses nach dem Übermenschen strebenden Menschen, sondern vielmehr, dessen Erfahrungen mit und damit zu sich selbst. Der individuell evolutive Drang, muss notwendig auf Widerstände stoßen, um solcher bleiben zu können. Und so muss der zum „Ich will“ gewordene Mensch, befreit vom faden „Du sollst“, in seinem prometheischen Drang auch abstürzen. Wie Zarathustra selbst, dessen Lehre nicht begriffen wird, wird er auf seinem Weg scheitern: „Dich selber warfst du so hoch, - aber jeder geworfene Stein – muss fallen. Verurtheilt zu dir selber und zur eigenen Steinigung: oh Zarathustra, weit warfst du ja den Stein, - aber auf dich wird er zurückfallen.“[3] Das Scheitern aber wird ihm zum Sieg. Zarathustra hat sich hoch, zu hoch geworfen, als er „wieder Mensch werden“[4] wollte, als er in der Menschen „Tiefe stieg“.[5] Zurück fällt er von seinen hohen Hoffnungen auf sich selbst, und wie er anfangs in die „Tiefe steigt“, „fällt er nun in die Höhe“. Sich selbst ist er näher und so ruft er im Triumph: „ Dies ist mein Morgen, mein Tag hebt an: herauf nun, herauf du grosser Mittag!“[6]

Der Weg Zarathustras ist der des zum Übermenschen drängenden Menschen. Der Übermensch also, der sich immer neu entwerfende Entwurf, der nie zu Vollendung gelangen kann, diese Vollendung aber vielleicht in seinem ständigen Werden und Streben selbst ist, wird zum Spiegel des Menschen selbst.

Das Scheitern des wollenden Menschen ist sein eigentlicher Gewinn. Und wo er den Übermenschen sucht, findet er nur: Sich selbst – und ist doch mehr geworden, reicher an Trost, an Erkenntnis, an Gedanken.

Wer Nietzsche liest, ahnt diese Empfindung.

---

3 KSA 4, 192.

4 KSA 4, 12.

5 Vgl. KSA 4, 12. Zur gewählten Formulierung: Goethe, Faust I, Studierzimmer, 1330.

6 KSA 4, 408.

Wolfgang Welsch, Jena

Mein Interesse an Nietzsche

1.

Nietzsche ist ein Kontinent. Er enthält alles. Nicht nur "Eis und Hochgebirge",[7] nicht nur "offene Meere",[8] nicht nur "Unbegrenztheit der Horizont-Linien",[9] sondern ebenso Manie und Terror, Verrücktheit und Normalität, Lachen wie Lächerlichkeit. Nietzsche versammelt den Kontinent des Abendlands.

Genauer gesagt: Er hat dessen Ländereien nach allen Richtungen durchstreift, ist in seine Tiefenschichten eingedrungen, und er hat den Kontinent schließlich zum Bersten gebracht. Nietzsche besaß eine besondere Witterung für Implikationen von Gedanken und eine Fähigkeit, sie abzuhorchen: Nebentöne entpuppten sich plötzlich als Haupttöne. Er hat das Denkkonvolut des Abendlandes und seine eigenen Gedankengänge immer wieder kreuz und quer durchfahren und mit energischen Gegenführungen experimentiert. "Ich habe den Geist Europas in mich aufgenommen - nun will ich den Gegenschlag thun!"[10] Mehr noch als die faktischen hat er die potentiellen Spiele des Abendlandkomplexes vor Augen geführt. Hat man Nietzsche gelesen, so weiß man, was es mit der abendländischen Denkmatrix auf sich hat, was sie kann - und was sie niemals können wird. Nietzsche ist der Enzyklopädist und Revolutionär dieses Kontinents - aber auf dessen Boden. Auch Nietzsches Kontinent ist begrenzt.

---

[7] Nietzsche, *Ecce homo*, KSA 6, 258.

[8] Nietzsche, *Die fröhliche Wissenschaft*, Vorrede zur zweiten Auflage 1886, KSA 3, 346.

[9] Nietzsche, *Nachgelassene Fragmente*, KSA 11, 223 [Sommer-Herbst 1884].

[10] Nietzsche, *Nachgelassene Fragmente*, KSA 9, 399 [Winter 1880-81].

2.

Nietzsche wußte darum und suchte dem zu entgehen. Dazu diente ihm eine Haltung von bescheidenem Klang, aber anspruchsvollem Gestus. Ihr Name: Redlichkeit. Dahinter verbirgt sich eine extreme Forderung an den Denker: die eines täglichen Feldzuges gegen sich selbst.

Diese Tugend der Redlichkeit ist schwierig und neu. Nietzsche nennt sie "eine der jüngsten Tugenden"[11] - den braven wie den unbeugsamen Menschen ist diese kommende Tugend noch fremd.[12] Nietzsche hingegen bekennt sich zu ihr: "Nichts [...] gilt mir heute kostbarer und seltner als Redlichkeit" - diese Tugend der "freien Geister".[13] Ihre Maxime lautet: "Nie Etwas zurückhalten oder dir verschweigen, was gegen deinen Gedanken gedacht werden kann! Gelobe es dir! Es gehört zur ersten Redlichkeit des Denkens. Du musst jeden Tag auch deinen Feldzug gegen dich selber führen."[14]

Die Forderung ist außerordentlich. Sie könnte für jeden heute Denkenden unumgänglich sein: nicht in den Kokon irgendeines Systems - auch nicht des eigenen - sich einzuspinnen, sondern die Konstruktion erneut zu prüfen, an die Substanz, an die Eingeweide, ans Eingemachte zu gehen - und dann gegebenenfalls Erschütterungen und Erdbeben auszulösen, den schönen Kontinent zu sprengen. Als Philosoph sollte man lieber selber an den Wänden des eigenen Denkgebäudes rütteln, statt es krampfhaft vor Erschütterungen bewahren - bevor es wie ein Kartenhaus zusammenfällt.

Solche Redlichkeit scheint das Schwerste. Aber Nietzsche verlangt gar noch mehr. Er fordert Redlichkeit "in Bezug auf die Redlichkeit selber".[15] Die Redlichkeit darf sich nicht zu einer Haltung verfestigen, mit der alles ein für alle

---

[11] Nietzsche, *Morgenröthe*, KSA 3, 275 [456].

[12] Nietzsche, *Die fröhliche Wissenschaft*, KSA 3, 497 [159].

[13] Nietzsche, *Also sprach Zarathustra*, KSA 4, 360. bzw. *Jenseits von Gut und Böse*, KSA 5, 162 [227].

[14] Nietzsche, *Morgenröthe*, KSA 3, 244 [370].

[15] Nietzsche, *Nachgelassene Fragmente*, KSA 10, 20 [Juli-August 1882].

mal als getan gilt. Noch die Redlichkeit ist dem Gebot unnachgiebiger Befragung auszusetzen.

Als Nietzsche einmal solches tut, entdeckt er in der Redlichkeit einen Grund von Grausamkeit. "Fast Alles, was wir `höhere Cultur' nennen, beruht auf der Vergeistigung und Vertiefung der *Grausamkeit* - dies ist mein Satz [...]."[16] Der Mensch wird "heimlich durch seine Grausamkeit gelockt und vorwärts gedrängt, durch jene gefährlichen Schauder der *gegen sich selbst* gewendeten Grausamkeit. Zuletzt erwäge man, dass selbst der Erkennende, indem er seinen Geist zwingt, *wider* den Hang des Geistes und oft genug auch wider die Wünsche seines Herzens zu erkennen - nämlich Nein zu sagen, wo er bejahen, lieben, anbeten möchte -, als Künstler und Verklärer der Grausamkeit waltet; [...] schon in jedem Erkennen-Wollen ist ein Tropfen Grausamkeit."[17] - Kurzum: Redlichkeit ist von Grausamkeit gezeichnet. Der tägliche "Feldzug gegen sich selber"[18] ist "*gegen sich selbst* gewendete Grausamkeit".[19]

Nietzsche, der den Abendlandkontinent durchstreifte und zum Bersten brachte, sagte von sich selbst einmal: "Ich bin kein Mensch, ich bin Dynamit"[20] - "das furchtbarste Dynamit, das es giebt".[21] Hergestellt hat er dieses Dynamit mittels jener hellhörigen und unnachgiebigen Reflexion, deren schöner Name Redlichkeit, deren wahrer aber Grausamkeit lautet.

3.

Jedoch: Nietzsches Welt scheint nicht mehr die unsere zu sein. Denn zum einen leben wir in einer Welt der Entspannung, der Diffusion, des Dahintreibens - jenseits von Dynamit, Unnachgiebigkeit und Grausamkeit. Nietzsche hat diese Entwicklung nicht vorausgesehen, und er hätte ihr nicht Glauben schenken

---

16 Nietzsche, *Jenseits von Gut und Böse*, KSA 5, 166 [229].

17 Ebd., 166 f. [229].

18 Nietzsche, *Morgenröthe*, KSA 3, 244 [370].

19 Nietzsche, *Jenseits von Gut und Böse*, KSA 5, 166 [229].

20 Nietzsche, *Ecce homo*, KSA 6, 365.

21 Nietzsche, An Georg Brandes in Kopenhagen (Entwurf), (Anfang Dezember 1888), KSB 8, 500.

mögen. Als ihm dergleichen (unter der Thematik des "letzten Menschen"[22]) vor Augen trat, meinte er dem noch einmal durch Proklamation einer Stärkefigur - seines "Zarathustra" - Einhalt gebieten zu können. Das war eine Reaktion vom Boden der alten Welt aus. Hier scheint Nietzsches Grenze zu liegen.

Andererseits könnte die Welt von morgen die gegenwärtige Lässigkeit und Selbstzufriedenheit hinter sich lassen. Sie könnte - ich rede hier vorerst einmal nur von der intellektuellen Welt - wieder an Ernsthaftigkeit gewinnen. Dies setzte die Gewinnung eines neuen Fokus voraus. Er wäre nicht durch die schillernde Figur des "Übermenschen", sondern durch eine Überwindung der modernen, anthropozentrischen Denkweise gekennzeichnet. Diderot hatte diese neue Denkweise vor 250 Jahren proklamiert: "Der Mensch ist der einzigartige Begriff, von dem man ausgehen und auf den man alles zurückführen muß."[23] Kant hatte sie dann legitimiert: "Wir machen alles selbst."[24] Nietzsche gehört noch zu dieser modernen Denkform. All seine Kritik und all seine Überschreitungsinitiativen sind vom Menschen her gedacht. Nietzsche blieb ein zutiefst `anthropologischer' - und darin typisch moderner - Autor. "Menschliches, Allzumenschliches", das ist - von einem künftigen Denken aus gesehen - eine auf Nietzsche selbst zutreffende Kennzeichnung. Das künftige Denken, darauf möchte ich wetten, wird diesen anthropozentrischen Kokon sprengen. Dann wird Nietzsche endgültig eine historische Figur sein: der großartige "Psychologe"[25] des alten Kontinents.

---

[22] Nietzsche, *Also sprach Zarathustra*, KSA 4, 18-21.

[23] Denis Diderot, *Enzyklopädie. Philosophische und politische Texte aus der `Encyclopédie' sowie Prospekt und Ankündigung der letzten Bände* (München: Deutscher Taschenbuch Verlag 1969), 121 [aus dem Artikel "Enzyklopädie" in Bd. V der Enzyklopädie, 1755].

[24] Immanuel Kant, *Opus postumum. Zweite Hälfte*, Akademie-Ausgabe Bd. XXII (Berlin u. Leipzig: de Gruyter 1938), 82.

[25] Nietzsche, *Götzen-Dämmerung*, Vorwort, KSA 6, 58.

Verena Wieland, Neuenstadt

Nietzsche

Hätte mich noch vor 4 Monaten jemand auf diesen Friedrich Nietzsche angesprochen, so hätte ich ihm gesagt, dass ich Nietzsche nicht mag. Ich bin kein Freund von angeblichen Frauenhassern, von gescheiterten Existenzen, ja gar von Menschen, die sich mit abstrakten Theorien beschäftigen, die mit der Realität nichts zu tun haben. Nietzsche ist lange tot. Das einzige was von ihm übrig geblieben ist, sind alte Bücher, die langsam in Bibliotheken einstauben und sich langsam selbst zu Staub verwandeln.

Ich wuchs in einer ländlichen, konservativen Gegend auf. Werte die mir Vermittelt wurden waren: Sparsamkeit, einen Mann finden der am besten Beamter ist, möglichst viel Tratsch aus dem Dorf erfahren, Sonntags in die Kirche gehen und eine solide Ausbildung machen und möglichst bald ein Haus bauen und Kinder bekommen. Mit Nietzsche war dies nie vereinbar. Er, der ruhelose Wanderer, heimatlos. Er reiste in der Welt umher, er sah Frankreich, Italien, die Schweiz und Deutschland, ein Weltenbummler.

Für mich war die Kritik an der Religion immer etwas, was ich nie verstanden habe. Für mich persönlich kam es nie in Frage, die Religion gänzlich in Frage zu stellen, zu kritisieren oder ganz und gar meinen Gott in Frage zu stellen der mich jahrelang in der Kinderkirche begleitet hat.

Mein Nietzsche

Im Sommersemester 2008 fehlte mir eine Vorlesung und so war das einzige was in meinen Stundenplan gepasst hat ein Seminar über Nietzsche. Genervt von dem Thema, genervt von Nietzsche und irgendwann auch genervt von mir selber, begab ich mich auf die Suche nach einem Thema von Nietzsche mit dem ich mich halbwegs anfreunden konnte.

Nach stundenlanger Internet-Recherche stieß ich plötzlich auf einen Satz:

"Von welchen Sternen sind wir uns hier einander zugefallen?"

Der Nietzsche den ich kannte, den ich nie verstanden habe zeigte plötzlich eine andere Seite. Eine erschreckend weiche Seite, die ich nie vermutet hätte. Versuchte er sich zu verstellen? Lou Salomé einfach durch ein paar, salopp gesagt, lässige Sprüche zu beeindrucken? Nein. Von welchen Sternen sind wir uns hier einander zugefallen. Dieser Satz enthält wahre Poesie. Er lässt einen anfangen zu träumen, zu träumen von Sternen, die hell am Himmel leuchten, strahlen. Sterne sind mir ein Begleiter in der Nacht, sie scheinen hell und weisen mir den Weg. Seeleuten geben sie die Orientierung wieder, führen sie auf den Rechten Weg und zurück in die Heimat. Mich persönlich lassen Sterne träumen. Steht jeder Stern für eine eigene Welt? Wie sieht es auf den Sternen aus? Gibt es dort auch Menschen? Oder gar kleine rosa Schweinchen? Wie sieht die Erde von den Sternen aus? Jeden Tag sieht der Himmel verändert aus. Wolken verdecken einzelne Sterne, bilden geheimnisvolle Formen und Zeichen. Doch der schönste Stern ist ein gefallener Stern, eine Sternschnuppe. Man behauptet Sternschnuppen bringen Glück. Bringen dann zwei gefallene Sterne sich gegenseitig Glück? Möchte Nietzsche Lou damit sagen, dass er ihr Glücksbringer ist? Ihre persönliche Sternschnuppe? Mit diesem Satz hat Nietzsche mein Herz erobert. Und nun begebe ich mich Stück für Stück auf die Suche nach meinen Nietzsche. Selbst meine Meinung über Gott habe ich überdacht. Habe ich mit meiner Einstellung früher selbst angefangen Gott zu töten oder wurde ich einfach dazu erzogen nicht nachzudenken?

Im Grunde hat Nietzsche mir geholfen Vorurteile abzubauen. Meine Vorurteile gegenüber Nietzsche haben sich nicht bewahrheitet. Wenn er mich eines gelehrt hat, war es vorurteilsfrei auf alles zuzugehen, sich zuerst selbst ein Bild machen. Und vor allem muss man immer beachten, dass jeder Mensch zwei Seiten hat. Auch Nietzsche hat sie, die romantische, ehrlich verliebte Seite. Vielleicht war dies nicht die Absicht Nietzsches, aber mir hat er damit, wenn auch unabsichtlich, geholfen.

Björn Wittmayer, München

Über die Zukunft unserer Bildungsanstalten oder: Der nicht-angewandte Nietzsche

„Auf den Schlachtfeldern mag er [der deutsche Student] gelernt haben, was er am wenigsten in der Sphäre der ‚akademischen Freiheit' lernen konnte: daß man große Führer braucht, und daß alle Bildung mit dem Gehorsam beginnt."[1]

Betrachtet man Aussagen wie diese aus Nietzsches „Ueber die Zukunft unserer Bildungsanstalten", so scheint kein kanonischer Autor weniger geeignet, Antworten auf heutige bildungspolitische Fragen zu geben. Es verwundert darum nicht, dass Nietzsche in gegenwärtigen Debatten um Bildungsreformen keinerlei Rolle spielt und dass er folglich auch nicht angewandt wird.

Aber sind die Kuren, die Nietzsche unseren Bildungsinstitutionen verordnet, die Rezepte, die er ihnen zu ihrer Gesundung mitgibt, denn überhaupt dazu da, um „angewandt" zu werden? Im Vorwort zu den Vorträgen schildert Nietzsche den Leser, den er sich wünscht. Dieser müsse drei Eigenschaften haben: „er muß ruhig sein und ohne Hast lesen, er muß nicht immer sich selbst und seine ‚Bildung' dazwischen bringen, er darf endlich nicht, am Schlusse, etwa als Resultat, Tabellen erwarten."[2]

Wie man sich einen solchen Leser genauer vorzustellen hat, ergibt sich aus dem weiteren Verlauf des Vorworts. So bedeutet „seine ‚Bildung' [nicht] dazwischen bringen" nicht, dass vom Leser erwartet wird den Text passiv zu empfingen. Im Gegenteil: Der geforderte „ruhige Leser" ist gerade ein Leser, der „noch nicht verlernt [hat] zu denken, während er liest, er versteht noch das Geheimniß zwischen den Zeilen zu lesen"[3].

Was aber ist dann dieses „seine ‚Bildung' dazwischen bringen", wenn es nicht ein Reflektieren des Textes, sondern sein Gegensatz ist? Dies erklärt sich aus der dritten Forderung an den Leser, dass dieser „als Resultat" keine „Tabellen erwarten" dürfe. Denn Tabellen sind Ausdruck „der Tiefe der Empirie" – im

---

1 F. Nietzsche, Ueber die Zukunft unserer Bildungsanstalten. Sechs öffentliche Vorträge (1872), in: KSA, Bd. 1, S. 749.

2 Ebd., S. 648.

3 Ebd., S. 649.

Gegensatz zur „Höhe der eigentlichen Kulturprobleme“[4] – insofern sie Anleitung zu „gelehrten“ Anwendungen, nicht aber das Ergebnis einer „gebildeten“ Reflexion sind. Was der Leser also nicht erwarten sollte, ist ein Kompendium an Faktenwissen, das wiederum selbst einfach angewandt werden kann. Dies ist der Bereich der „Gelehrsamkeit“. Um solche „Gelehrsamkeit“ aber handelt es sich auch bei der „Bildung“, die man bei der Lektüre des Textes außen vor lassen solle – darum auch die Anführungszeichen.

Der Leser ist also dazu angehalten, den vorliegenden Text nicht zu analysieren und zu erklären, wie es die Philologen auf den Gymnasien betreiben, die respektlos und „ohne Scheu in den erstaunlichen Trümmern jener Welt [d. h. des klassischen Altertums] herumwandern“[5], sondern zu verstehen. Gerade dieses Verstehen misslingt diesen „Gelehrten“, nicht aber „Gebildeten“. Denn sie sind zwar in der Lage, ihr vieles Faktenwissen auf den Gegenstand der Untersuchung anzuwenden. Doch sie sind unfähig den Geist dieses Untersuchungsgegenstandes in sich aufzunehmen, in und mit ihm zu denken, so dass sich die Grenze zwischen Objekt der Untersuchung und untersuchendem Subjekt auflöst. Diese Auflösung des Subjekts ist das eigentliche Zeichen „wahrer Bildung“, die nichts mit der reinen „Gelehrsamkeit“ zu tun hat, welche bloß anwendungsbezogen dazu dient, das Subjekt in seinem Existenzkampf zu unterstützen und am „Mausoleum dieses […] Subjekts“[6] zu bauen.

Wenn man nun versucht die Vorgaben, die Nietzsche selbst seinem Leser gibt, bei der Lektüre des Textes zu befolgen, und versucht den Text nicht zu erklären, sondern zu verstehen, d. h. „zwischen den Zeilen zu lesen“, so stellt sich ein zunächst überraschender Effekt ein: Da die Vorgabe lautet, dem Text kontemplativ-reflektierend und nicht „gelehrt“ und anwendungsorientiert zu begegnen, werden mit dieser Vorgabe die konkreten Heilmittel, die der Text den Bildungsanstalten zu ihrer Genesung verschreibt, hinfällig. Liest man den Text gemäß den Vorgaben des Autors, so darf man eben gerade nicht diejenigen Maßnahmen, die der Text nennt, einfach zur Anwendung bringen. Die Intention des Autors als Subjekt der Sinnstiftung unterläuft sich an diesem Punkt selbst. Genau dies ist aber Voraussetzung „wahrer Bildung“: den „Aetherraum der subjektfreien Contemplation“[7] zu erreichen.

Um dies noch einmal deutlicher zu machen: Der Text konstruiert offensichtlich einen Gegensatz zwischen „Gelehrsamkeit“, „Anwendung“ und „Erklären“ auf der einen und „Bildung“, „Contemplation“ und „Verstehen“ auf der anderen

---

4 Ebd., S. 648.

5 Ebd., S. 701.

6 Ebd., S. 714.

7 Ebd.

Seite. Die auf der Seite der „Gelehrsamkeit“ befindlichen Operationen sind an das Subjekt und seine Erhaltung, die auf der Seite der „Bildung“ befindlichen „Operationen“ an die Auflösung des Subjekts gekoppelt. Die Auflösung des Subjekts als Bedingung des Verstehens des Textes bedeutet in der Folge den Verlust an Sinnstiftung durch die Intention des Autors.

Dadurch ergibt sich die paradoxe Forderung Nietzsches, der sagt: „Lies mich nicht so, wie ich es dir sage!“ Liest man Nietzsches „Ueber die Zukunft unserer Bildungsanstalten“ jetzt aber nicht so, wie es vielleicht nahe liegt, nämlich „wörtlich“, sondern verstehend „zwischen den Zeilen“, und damit gegen sich selbst, dann heißt das vor allem eins: Nietzsche in heutigen bildungspolitischen Diskussionen als Ratgeber zu betrachten, kann nicht meinen, ihn anwenden zu wollen. Die konkreten Mittel zur Verbesserung der Bildungsinstitutionen, die er vorschlägt (Führer- und Eliteprinzip, Disziplin und Gehorsam im Gegensatz zu Selbständigkeit, „wahres“ Deutschtum, Pflege des Klassischen Altertums etc.) werden zurecht skeptisch betrachtet. Doch sie sind nicht die eigentliche Lehre, die man aus seinem Text ziehen sollte.

Viel eher als Nietzsche anwenden zu wollen, geht es darum, mit ihm zu denken. Und genau an diesem Punkt zeigt sich auch die ungeheuere Aktualität, die Nietzsche für gegenwärtige bildungspolitische Debatten haben sollte: Bildung auf hohem Niveau meint vor allem die Fähigkeit zu denken und sich auch auf Reflexionsprozesse einzulassen, die im ersten Moment nicht nutzbringend erscheinen. Gerade diese Erkenntnis scheint heutzutage, bei „bildungs“-politischen Klagen über Fachkräftemangel, zu Zeiten in denen die Aufgabe der Bildungsinstitutionen vor allem in der Ausbildung zu liegen scheint, wichtiger den je.

Susanne Würstle, Karlsruhe

Das Lachen bei Nietzsche

Da Nietzsche einem in so vielen unterschiedlichen Bereichen begegnet, in Form von Zitaten oder Hinweisen und er eine Inspiration für so viele Künstler und Literaten, wie beispielsweise Thomas Mann war, finde ich, dass eine Beschäftigung mit diesem bekanntesten aller deutschen Philosophen schon fast zur Allgemeinbildung gehört. Da sein Werk aber unglaublich umfangreich und für einen Laien, wie ich einer bin, so gut wie unüberschaubar ist, begann ich meine Lektüre zunächst eher wahllos. Beeindruckt hat mich dabei besonders, dass es fast kein Thema oder Schlagwort gibt, welches von Nietzsche unberührt bleibt. Schließlich stieß ich auf das folgende, sehr aussagekräftige Zitat:

„Ich vergaß zu sagen, dass solche Philosophen heiter sind und dass sie gerne in dem Abgrund eines vollkommenen hellen Himmels sitzen – sie haben andere Mittel nötig, das Leben zu ertragen, als andere Menschen; denn sie leiden anders (nämlich ebenso sehr an der Tiefe ihrer Menschen-Verachtung als an ihrer Menschen-Liebe). Das leidendste Tier auf Erden erfand sich – das *Lachen*."[1]

In diesem Zusammenhang, stellte sich mir die Frage, was für Nietzsche Lachen bedeutet?

Nachdem ich gezielt nach weiteren Zitaten, die Lachen beinhalten gesucht habe, bin ich zu folgender Deutung gelangt:

Lachen unterscheidet den Menschen zum einen vom Tier, darüber hinaus ist es aber auch Kennzeichnen des von Nietzsche propagierten Übermenschen. Daher auch der Hinweis auf den Philosophen als das leidendste Tier auf Erden, für Nietzsche zählen Genies bzw. der Übermensch (und Philosophen zählt er wohl dazu) zu den Geschöpfen, die am meisten unter dem Leben zu leiden haben. Der Übermensch soll die bestehenden Werte umwerten und neu definieren. Für diese Umwertung der Werte ist das Lachen unablässig. Lachen ist gewissermaßen ein Mittel zur Erkenntnis. Mit dem Lachen drückt sich aus, dass sich der

---

[1] Band III (Aus dem Nachlaß der achtziger Jahre), in: Schlechta, Karl: Friedrich Nietzsches, Werke in drei Bänden, München 1966, 467.

Mensch über den falschen Charakter des Lebens bewusst geworden ist. Durch das Lachen, erkennt der Mensch die unzureichenden Überzeugungen und Wahrheiten, er erkennt dass die bestehende Wertewelt nur Schein ist. Alle bisher für feststehend gehaltene Wahrheiten, werden relativiert. Weiterhin ist Lachen das Mittel, mit dem nicht nur Veraltetes zerstört wird. sondern es wird dadurch auch Neues geschaffen.

Im vorliegenden Zitat scheint Lachen daher auch eine erlösende Funktion zu haben, die allerdings nur „Erkennenden“ (Philosophen) vorbehalten ist.

Ich finde es interessant, dass bei Nietzsche dem Lachen ein so hoher Stellenwert eingeräumt wird. Der Gedanke der befreienden Wirkung von Lachen, wird hier komplett neu gedeutet.

Anm. der Herausgeber: Fr. Plagas Buch konnte natürlich nicht als Wettbewerbsbeitrag akzeptiert werden. Es wurde am 8. November 2008 auf unserem Abschlussabend kurz präsentiert. Es beleuchtet, sehr gut recherchiert, ein wichtiges Kapitel der Nietzsche-Rezeption, das in diesem Umfang bisher noch nicht bekannt war und ein weiteres Beispiel für die Vielfalt seiner Wirkungsgeschichte ist. Deshalb hier -

Außer Konkurenz:

Anneliese Plaga:

Sprachbilder als Kunst. Friedrich Nietzsche in den Bildwelten von Edvard Munch und Giorgio de Chirico

Friedrich Nietzsche war um 1900 als revolutionärer Denker, Kulturkritiker und Sprachartist eine Schlüsselfigur für Künstler, die in seinen Werken nach Antworten auf ihre existenziellen Fragen suchten. In Einzelanalysen repräsentativer Werke legt Anneliese Plaga dar, wie zentrale Motive seines Denkens sowohl die Themenwahl als auch die Bildgestaltung von Edvard Munch und Giorgio de Chirico geprägt haben. Dem schließt sich vor einer breiten Folie von Nietzsche-Texten ein systematischer Vergleich von Kunsttheorie, Themenwahl und Bildsprache beider Maler an.

Sowohl Munch als auch de Chirico identifizierten sich mit Nietzsche. Geleitet von seinen philosophischen und kunsttheoretischen Überlegungen haben beide Maler die Irritationen der Moderne gestaltet. Während Munch Angst, problematische Geschlechterbeziehungen und die Sehnsucht nach einem gesunden Leib thematisierte, suchte de Chirico Chaos und Labyrinth des Daseins in paradoxen Schatten, irrationalen Perspektiven und abschüssigen Bühnen Ausdruck zu verleihen. Nietzsche hat die Kunst als Stimulans und Ermöglicherin des Lebens gefeiert. Munch und de Chirico haben seine wirkungsreichen Sprachbilder in ihrer jeweiligen Bildsprache neu interpretiert.

(Das Buch erschien im Dietrich Reimer Verlag Berlin 2008).

Rita Widmaier

Leibniz´ metaphysisches Weltmodell interkulturell gelesen

Seit Beginn des 20. Jhs wird Leibniz' (1646-1716) Philosophie unter verschiedenen Aspekten erforscht und diskutiert. Daß sein neues System der prästabilierten Harmonie für wesentliche Fragen und Probleme der interkulturellen Philosophie eine theoretische Grundlage darbietet, steht heute außer Frage. Obwohl die globale Vernetzung der Erdbevölkerung gegenwärtig immer enger und lückenloser zu werden scheint, steht der interkulturelle Dialog noch aus.

Demgegenüber erscheint die physische und historische Existenz der Monade in ihrer Verknüpfung mit allen anderen, in ihrem Eingehen in Beziehungen, "die alle anderen Beziehungen ausdrücken", als eine Harmonie von größter Mannigfaltigkeit und Ordnung. Leibniz' neues System ist heute unter anderem die hypothetische Antwort auf zwei drängende Fragen des Kartesianismus: das Leib-Seele-Problem und den historischen Pyrrhonismus, der angesichts neu entdeckter Kulturen und insbesondere des chinesischen Altertums die in der Bibel offenbarte Universalgeschichte der Menschheit in Frage stellte. Welche Bedeutung Leibniz' Antworten und welch erhellende und orientierende Funktion sein Neues System ›interkulturell gelesen‹ für die Fragen des 21. Jhs besitzen, wird im folgenden dargelegt und zuletzt an einem modernen Modell veranschaulicht.

Zur Autorin:
Rita Widmaier, geb. 1942 in Königsberg; Studium der Philosophie, Sinologie und Geschichte in Düsseldorf und Köln. 1982 Promotion (Die Rolle der chinesischen Schrift in Leibniz' Zeichentheorie). Seit 1993 Mitarbeiterin an der Leibniz-Akademieausgabe (Leibniz-Archiv Hannover); Hrsg. von Leibniz korrespondiert mit China, 1990 (Neuaufl. Ende 2005); Aufsätze zum Thema Leibniz und China.

Interkulturelle Bibliothek, Band 82
Nordhausen 2007
ISBN 978-3-88309-258-4
136 Seiten, broschiert
10,00 Euro

Verlag Traugott Bautz GmbH
Ellernstr. 1
D-99734 Nordhausen
Tel.: 0 36 31 / 466 710
Fax: 0 36 31 / 466 711
e-mail:bautz@bautz.de

Elke Angelika Wachendorff
Friedrich Nietzsche. Denker der Interkulturalität

Wie nie zuvor wurde in den letzten Zügen des Weltkriegsdesasters und der Enthüllungen des Holocaust die Grenzenlosigkeit menschenmöglicher Grausamkeit, von Rachsucht und Zerstörungswillen offenbar. Hätte nicht gerade Friedrich Nietzsche für die unverzichtbaren Analysen des Geschehenen, als der große Kritiker des Ressentiments, fruchtbarer, ja notwendiger Gesprächspartner sein können? Doch Vorurteile verstellten damals diesen Weg. Kann Nietzsche uns heute als verständiger Mitdenker und Vordenker begegnen, uns Leitlinien und Gedanken vermitteln zur Orientierung und befriedigenden Gestaltung der notwendig vielfältigen Diskurse interkultureller Begegnungen innerhalb nationaler offener Gesellschaften sowie internationaler wechselseitiger Öffnungsprozesse und Abhängigkeiten innerhalb eines zügig sich wandelnden und expandierenden Europas und einer zunehmend näherkommenden globalen Welt?

Zur Autorin:
Elke Angelika Wachendorff, geboren 1956 in München, Pharmazeutische Approbation, Studien der Geschichte der Naturwissenschaften, der Kunstgeschichte, Kunsterziehung, und Theaterwissenschaften, der Philosophie und Vergleichenden Religionswissenschaften. Philosophische Promotion an der LMU München: Friedrich Nietzsches Strategien der „Noth-Wendigkeit", Fra/M. 1998 (erweiterte, überarbeitete 2. Auflage); zahlreiche Publikationen zur Philosophie Friedrich Nietzsches; Freischaffende Autorin, Übersetzerin, Künstlerin, Kuratorin.

Interkulturelle Bibliothek, Band 88
Nordhausen 2006
ISBN 978-3-88309-265-2
148 Seiten, broschiert
Euro 10,00

Verlag Traugott Bautz GmbH
Ellernstr. 1
D-99734 Nordhausen
Tel.: 0 36 31 / 466 710
Fax: 0 36 31 / 466 711
e-mail: bautz@bautz.de